本书得到国家社会科学基金项目"国际国内新形势下财政政策取向研究——基于财政支出体系完善与区域协调增长的双目标选择"（09XJY034）的资助

财政支出体系完善与区域协调增长双目标匹配的机制设计

Double-Goal Match Mechanism Design about Improving the System of Financial Expenditure and Increasing Regional Coordination

吴　颖◇著

中国社会科学出版社

图书在版编目（CIP）数据

财政支出体系完善与区域协调增长双目标匹配的机制设计/吴颖著．—北京：中国社会科学出版社，2016.1
ISBN 978-7-5161-6533-1

Ⅰ．①财… Ⅱ．①吴… Ⅲ．①财政支出—财政体系—研究—中国 ②区域经济发展—协调发展—研究—中国 Ⅳ．①F812.45 ②F127

中国版本图书馆 CIP 数据核字（2015）第 159981 号

出 版 人	赵剑英
责任编辑	王 曦
责任校对	周晓东
责任印制	戴 宽
出　　版	中国社会科学出版社
社　　址	北京鼓楼西大街甲 158 号
邮　　编	100720
网　　址	http://www.csspw.cn
发 行 部	010-84083685
门 市 部	010-84029450
经　　销	新华书店及其他书店
印刷装订	三河市君旺印务有限公司
版　　次	2016 年 1 月第 1 版
印　　次	2016 年 1 月第 1 次印刷
开　　本	710×1000 1/16
印　　张	12.25
插　　页	2
字　　数	211 千字
定　　价	48.00 元

凡购买中国社会科学出版社图书，如有质量问题请与本社营销中心联系调换
电话：010-84083683
版权所有 侵权必究

目　　录

第一章　绪论 …………………………………………………… 1

第一节　研究背景及问题的提出 ………………………………… 1
　　一　研究背景 ………………………………………………… 1
　　二　问题的提出 ……………………………………………… 2
第二节　研究目的与意义 ………………………………………… 3
　　一　研究目的 ………………………………………………… 3
　　二　理论意义 ………………………………………………… 3
　　三　现实意义 ………………………………………………… 4
第三节　研究方法与技术路线 …………………………………… 5
第四节　研究内容和架构 ………………………………………… 6
　　一　研究范围 ………………………………………………… 6
　　二　研究架构 ………………………………………………… 7
第五节　研究的创新之处 ………………………………………… 9

第二章　理论基础及文献综述 …………………………………… 11

第一节　财政支出体系研究 ……………………………………… 11
　　一　财政支出经典理论研究 ………………………………… 11
　　二　财政支出制度文献综述 ………………………………… 13
　　三　财政支出结构研究综述 ………………………………… 14
第二节　经济增长趋同研究 ……………………………………… 16
　　一　理论研究综述 …………………………………………… 16
　　二　实证研究综述 …………………………………………… 17
　　三　我国经济趋同的文献综述 ……………………………… 19
第三节　财政支出体系与区域经济增长研究 …………………… 21

  一 国内外财政支出制度与区域经济增长研究 …………… 21
  二 国内外财政支出及结构与经济增长研究综述 ………… 21
  三 国内外财政支出体系与区域经济"协调"
    增长的研究 ……………………………………………… 24
  四 对现有研究的反思及进一步研究的方向 ……………… 25
 第四节 本章小结 …………………………………………………… 26

第三章 财政支出失衡和区域差异现状描述性分析 ………………… 27
 第一节 地域单元的划分及时点的选择 ………………………… 27
 第二节 我国财政支出的区域差异性特征描述 ………………… 27
  一 财政支出规模差异分析 ………………………………… 27
  二 地方财政支出结构分析 ………………………………… 30
 第三节 财政支出区域协调政策及实施效果 …………………… 32
  一 中国区域协调现有财政支出政策 ……………………… 32
  二 财政支出政策未能根本上改善区域增长
    失衡的现状 ……………………………………………… 33
  三 我国区域经济增长失衡的测度 ………………………… 34
 第四节 区域差异的财政支出体系原因 ………………………… 35
  一 财政支出投向存在地域不均衡 ………………………… 35
  二 财政转移支付促进区域经济协调增长的力度不够 …… 36
  三 分税制对区域经济协调增长存在负面影响 …………… 37
  四 财政支出资金使用不规范，体制不完善 ……………… 38
 第五节 本章小结 …………………………………………………… 38

第四章 新形势下财政政策取向分析 ……………………………………… 39
 第一节 财政政策取向一——政府主导调节区域协调增长 ……… 39
  一 金融风暴爆发的原因 …………………………………… 40
  二 金融危机启示政府与市场的作用 ……………………… 41
  三 政府和市场的区域协调作用理论 ……………………… 41
  四 区域协调增长对政府引导及公共财政支出体系
    完善的需求分析 ………………………………………… 43
 第二节 财政政策取向二——调结构与建机制并行 …………… 44

一　现行针对区域协调增长的财政支出政策梳理 …………… 44
　　二　区域协调对财政支出的结构制度改善的需求分析 ……… 47
　第三节　本章小结 ……………………………………………………… 49

第五章　财政支出结构与区域协调增长理论界定 …………………… 50
　第一节　现有财政支出结构相关概念及本书界定 …………………… 50
　　一　财政支出的概念回顾 ……………………………………… 50
　　二　财政支出结构的概念回顾 ………………………………… 51
　　三　本书对财政支出结构的界定 ……………………………… 51
　　四　基于区域协调中财政支出职能的财政支出结构划分 …… 52
　第二节　已有区域协调增长相关概念及本书界定 …………………… 56
　　一　已有研究中的区域协调发展定义 ………………………… 56
　　二　趋同角度的区域经济协调增长定义 ……………………… 57
　　三　本书中区域协调增长的定义 ……………………………… 59
　第三节　财政支出结构完善与区域协调增长"双目标"
　　　　　选择界定 ……………………………………………………… 59
　第四节　本章小结 ……………………………………………………… 60

第六章　财政支出结构与区域协调增长的双目标匹配分析 ………… 61
　第一节　财政支出结构与区域协调增长匹配发展指标
　　　　　体系构建 ……………………………………………………… 61
　　一　双目标匹配发展的框架 …………………………………… 61
　　二　指标体系构建 ……………………………………………… 62
　第二节　双系统匹配发展的评价方法 ………………………………… 65
　　一　双系统综合发展水平计算 ………………………………… 65
　　二　双系统匹配发展指数分析 ………………………………… 66
　第三节　双系统匹配发展的灰色 GM (1, N) 模型 ………………… 70
　　一　灰色系统简述 ……………………………………………… 70
　　二　灰色 GM (y, N) 的匹配发展分析模型 ………………… 71
　　三　子系统自匹配系数和互相匹配发展系数的研究 ………… 72
　第四节　实证分析 ……………………………………………………… 73
　　一　双系统综合发展水平计算 ………………………………… 73

　　　　二　财政支出结构与区域经济协调系统匹配发展
　　　　　　状况评价 ………………………………………………… 75
　　　　三　财政支出结构与区域经济协调系统 GM（1，N）
　　　　　　模型分析 ………………………………………………… 77
　　　　四　双系统匹配实证结果分析 ………………………………… 80
　　第五节　本章小结 …………………………………………………… 81

第七章　基于区域协调增长的财政支出结构的多因素
　　　　影响实证研究 ……………………………………………… 82
　　第一节　分析背景及方法选择——空间与空间计量 ……………… 82
　　　　一　区域问题的空间特性 ……………………………………… 82
　　　　二　空间计量方法的选择 ……………………………………… 84
　　　　三　空间计量经济学原理 ……………………………………… 84
　　　　四　趋同模型及修正 …………………………………………… 87
　　第二节　省（市、区）财政支出结构与区域协调增长 …………… 88
　　　　一　统计指标定义 ……………………………………………… 88
　　　　二　空间相关性检验 …………………………………………… 89
　　　　三　空间条件收敛分析 ………………………………………… 89
　　　　四　区域财政转移支付与区域协调增长 ……………………… 93
　　　　五　广义财政支出——预算外财政支出与区域协调
　　　　　　增长的关系 …………………………………………………… 95
　　　　六　省（市、区）财政支出结构问题及原因分析 ………… 98
　　第三节　生产性财政支出、非生产性财政支出结构与
　　　　　　区域协调增长 ……………………………………………… 100
　　　　一　区域公共资本存量测算 ………………………………… 100
　　　　二　生产性财政支出、非生产性财政支出
　　　　　　结构对区域协调增长的影响 ……………………………… 102
　　　　三　生产性财政支出、非生产性财政支出
　　　　　　结构问题及原因分析 ……………………………………… 107
　　第四节　中央和地方财政支出结构与区域协调增长 …………… 109
　　　　一　中央财政支出对区域经济增长影响分析 ……………… 109
　　　　二　地方财政支出结构对区域协调增长的影响 …………… 111

三　中央和地方财政支出结构问题及原因分析⋯⋯⋯⋯⋯⋯　115
　第五节　财政分权制度（结构）与区域协调增长⋯⋯⋯⋯⋯⋯⋯　117
　　　一　公共财政制度体系指标建立⋯⋯⋯⋯⋯⋯⋯⋯⋯⋯⋯⋯　117
　　　二　财政分权制度对区域经济协调增长的空间影响⋯⋯⋯⋯　118
　　　三　分权制度和区域收敛的问题及原因——中央和地方
　　　　　存在协调冲突⋯⋯⋯⋯⋯⋯⋯⋯⋯⋯⋯⋯⋯⋯⋯⋯⋯　118
　第六节　本章小结⋯⋯⋯⋯⋯⋯⋯⋯⋯⋯⋯⋯⋯⋯⋯⋯⋯⋯⋯　119

第八章　基于区域协调增长的财政支出体系优化的路径
　　　　选择与机制设计⋯⋯⋯⋯⋯⋯⋯⋯⋯⋯⋯⋯⋯⋯⋯⋯⋯　121
　第一节　基于委托—代理理论的财政分权机制优化设计⋯⋯⋯　122
　　　一　委托—代理关系是财政分权机制的理论基础⋯⋯⋯⋯　122
　　　二　中央与地方财政分权的委托—代理模型⋯⋯⋯⋯⋯⋯　125
　第二节　财政支出的均衡路径选择——财政转移支付
　　　　　机制的优化⋯⋯⋯⋯⋯⋯⋯⋯⋯⋯⋯⋯⋯⋯⋯⋯⋯⋯　130
　　　一　财政支出均衡路径定义及财政转移支付机制现状⋯⋯　130
　　　二　财政转移支付机制的总量控制优化——中央和
　　　　　地方政府纵向信息不对称博弈⋯⋯⋯⋯⋯⋯⋯⋯⋯⋯　132
　　　三　财政转移支付机制的结构控制优化⋯⋯⋯⋯⋯⋯⋯⋯　135
　第三节　财政支出结构优化机制设计⋯⋯⋯⋯⋯⋯⋯⋯⋯⋯⋯　137
　　　一　财政支出结构优化的模型分析⋯⋯⋯⋯⋯⋯⋯⋯⋯⋯　137
　　　二　模型分析及机制设计⋯⋯⋯⋯⋯⋯⋯⋯⋯⋯⋯⋯⋯⋯　144
　第四节　财政支出协调效率优化机制设计——基于跨区域
　　　　　政府合作视角⋯⋯⋯⋯⋯⋯⋯⋯⋯⋯⋯⋯⋯⋯⋯⋯⋯　147
　　　一　财政支出协调机制的必要基础和合作动力⋯⋯⋯⋯⋯　148
　　　二　财政支出协调机制的模型——基于联盟博弈分析⋯⋯　150
　第五节　本章小结⋯⋯⋯⋯⋯⋯⋯⋯⋯⋯⋯⋯⋯⋯⋯⋯⋯⋯⋯　156

第九章　基于区域协调增长的财政支出体系完善的政策建议⋯⋯⋯　158
　第一节　基于现状的财政支出体系完善政策建议⋯⋯⋯⋯⋯⋯　158
　第二节　财政支出结构完善政策建议⋯⋯⋯⋯⋯⋯⋯⋯⋯⋯⋯　160
　　　一　基于省区财政支出结构完善的政策建议⋯⋯⋯⋯⋯⋯　160

二　基于生产性非生产性财政支出结构完善的政策建议……… 162
　　三　基于中央和地方财政支出结构完善的政策建议………… 164
　　四　基于分权制度完善的政策建议………………………… 167
第三节　财政支出体系机制设计政策建议……………………… 168
　　一　基于委托—代理分权机制的政策建议………………… 168
　　二　解决转移支付信息不对称问题………………………… 169
　　三　促进区际贸易，中央财政发挥更大作用……………… 170
　　四　引入区域合作分配值补充考核指标，促进区域合作…… 172
第四节　本章小结………………………………………………… 174

参考文献……………………………………………………………… 175

第一章 绪论

第一节 研究背景及问题的提出

一 研究背景

国际金融危机自2008年9月全面爆发以来，不断加深对全球经济的影响。这场堪称自20世纪30年代"大萧条"以来规模最大、影响面最广的金融危机，在带来巨大经济冲击的同时，也引发了世界各国政府改革的新一轮热潮。外部环境的持续恶化使得中国的经济形势也面临严峻的考验，内部的区域差距扩大趋势如果不能有效遏制，区域结构性调整若不能及时进行，则持续扩大的地区间差距、地区内差距将直接导致内需的不足，经济增长的疲软。因此，研究新的国际国内经济形势下的区域差距问题尤为重要。

区域协调发展战略的推进与国际金融危机的深刻冲击凸显后危机时代必须探寻适宜的区域协调增长途径。而后危机时代，区域协调发展面临更加复杂的国际国内背景，如外向型经济恶化引致的经济发展由外需向内需转型的国家战略调整，以及改革开放从沿海向内陆推进，使区域协调增长问题凸显，而对于经济基础薄弱的西部地区，完善财政支出体系是其充分调动资源优势，发挥后发优势，实现可持续增长的重要途径。各国政府对区域差距的调节和导向无不进行了公共制度的设计和导向，因此，公共财政支出的变革问题尤须关注。

经济增长中的收入分配差距过大所产生的消极作用，是中央政府和经济学者所共同认识到的。然而，在发展过程中如果单靠经济发展的自身规律来遏制区域间收入不平等的扩大往往很难达到预期效果。在市场经济中，市场通过自组织效应促进了区域经济的增长，但也在客观上导致了区域差距的扩大。我国区域经济发展历程表明,随着我国东中西部地区差距扩大和市场化进程的同步加快,二者的相关关系日益明显,这决定了地区差距需要政府进行干预,通过财政支出政策的制定来调控经济,促进区域经济协调。

国内外区域协调发展的理论和实践研究表明,政府财政支出政策必须适应政府职能的转换,应充分体现财政支出政策确定的科学设计与合理谋划。一般情况下,政府财政支出政策具有一定的阶段性。在经济发展方面,发展中国家或地区最初为迅速建立一个更全面的工业体系,在经济促进上花费更多建设性开支,且这一类支出对经济增长的贡献也相对较高。在基本建设完现代意义上的工业化之后,随着私人资本的快速增长,对社会管理和公共服务的需求更大,那么政府支出的政策也开始需要过渡,从专注于生产性支出变为重视公共性支出。中国一直实行"经济优先发展"战略,在财政支出政策设计中,强调政府投资性支出为主。财政支出结构当中的"重生产、轻生活"的制度设计使得我国财政支出结构长期失衡。

近年来,我国财政支出政策也在逐渐从直接参与市场活动转移到引导、协调市场活动、协调公平与效率、缩小区域差距转变。但区域财政支出体系仍存在较多不完善,适应区域协调增长的公共财政体制尚未建立。对区域经济增长做出理性的判断,探索财政支出的协调机制和区域经济增长的关系,以及可能路径的影响,从提高整体经济效率为出发点来考虑财政支出体系的改革尤为必要,这也构成了本书的研究对象。

二 问题的提出

从近十几年来看,我国区域差距仍然在继续扩大中。2009年东部(广西划为西部地区)地区人均GDP是全国人均GDP(25780元)的1.6倍;中部地区仅为全国人均GDP的79%,西部为59%,差距较大。区域经济差异的形成原因是多方面的,既有历史及地缘问题,也有经济、社会或政策因素。自改革开放以来,政府投入力度和对东部沿海地区优惠投资政策,是造成区域差距主要的原因之一,政府财政支出的区域差异,也加剧了这一趋势。

随着西方新公共管理改革的实践,中国正在处于公共管理转型的重要时期。一方面,政府在多个职能区退出或某些职能被削弱;而另一方面,一些单独的市场机制解决不了的问题,如区域公平等职能急需政府加强,以防止因差距过大等经济矛盾变成社会矛盾或民族矛盾，引发社会动荡，影响国家的经济社会长治久安。因此，政府有策略和有限度地干预区域经济，是目前解决区域协调增长的重要路径选择。而其中，根据系统科学理论，结构决定系统的功能和特性，财政支出体系系统内各种力量的交互运动和空间外溢将最终影响财政政策发挥作用的程度、效果和机制，以上成为本书选择财政支出体系与结构作为研究视角的理论与现实依据。

第二节 研究目的与意义

为了实现区域经济协调增长，研究财政支出体系对区域经济协调增长的作用机制和协调机制，分析财政支出体系的完善和区域协调增长的内在联系具有较强的理论意义和现实意义。

一 研究目的

根据本书所考虑的制度、理论、因素以及实践等各方面的原因，本书的研究主要包括以下三个层次的目标：

1. 研究的初级目标

界定财政支出体系完善与区域协调增长的双目标选择的理论含义。从理论上论证区域增长过程中的市场失灵将导致增长失衡，从而分析财政支出干预失灵，促进区域协调增长的必要性与可能性、路径及现实需求。

2. 研究的中级目标

描述财政支出体系与区域协调增长双系统目前的发展现状，实证分析双目标匹配程度，实证检验财政支出体系对区域协调增长的影响，深度分解财政支出体系及结构，找出影响区域协调增长过程中的真实而隐含的财政支出体系因素，为体系完善和优化设计提供实证基础。

3. 研究的终极目标

对以促进区域协调增长为目标的财政支出体系进行结构优化、均衡路径选择、协调效率最大化机制进行全面设计，并对基于前述理论与实证研究的政策含义及制度安排提出政策建议。

二 理论意义

财政支出体系与区域协调增长的双目标系统优化问题涉及财政学、区域经济学、统计学、空间经济学、机制设计理论等多个学科，具有相当强的学科交叉性，它蕴含在公平与效率、政府与市场、匹配与差异等多种对立统一的理论观点之中，这反映出这一交叉研究领域的理论复杂性，这虽然增加了研究的难度，但同时也为研究提供了广阔的空间。特别是财政支出体系与区域协调增长动态匹配度这一新概念的提出，并以此建构的系统匹配指标，不仅反映了各子系统的规模、结构、效益等特征，也反映了经济的增长、制度的变迁。财政支出体系对于区域协调增长的作用影响往往在时间上具有一定的滞后性，而作用的强度则往往具有乘数效应，同时还应更多地考虑财政支出体系的空间作用效应。因此，解决财政支出体系的优化和区域协调增长的问题必须具有战略性和不同于以往的思想。财政支出体系与区域经济发展体系一直是国内外备受重视的研究领域，具有较强的理论研究价值。本书以双系统匹配为主线，以财政支出体系对区域协调增长的影响路径、影响程度、影响结构为主要内容，从理论上回答了在这一理论领域中的公平与效率、政府与市场、匹配与差异的关系问题，将为学术界提供新的视角。同时，如何更好地匹配财政支出体系与区域协调增长，从制度设计上保证双目标的实现与和谐社会目标的达成，也是本书的理论意义所在。

三 现实意义

1. 区域协调增长的要求

区域经济非均衡增长在特定的时期能够起到带动国家迅速发展的作用，但是，如果长期持续下去，也会带来很多不可回避的问题。自改革开放以来，虽然中国经济增长迅速，但仍然暴露出不少区域问题和矛盾，如区域差距扩大、区域产业结构雷同、区域恶性竞争、区域地方保护主义等，这些问题导致了区域经济增长失衡，而这种不平衡性又体现在两个方面，一是东部沿海发达地区和中西部欠发达落后地区的不平衡性，二是城乡不平衡性。这些不平衡性所造成的严重影响，不仅给本地区和整个中国经济的可持续发展带来风险，同时也给我们的社会稳定带来很大的风险。因此，改变并缓解区域增长差异巨大的现状，成为构建和谐发展的重要现实课题。

2. 科学制定区域财政支出政策的需要

财政支出政策被赋予的一项重要职能乃是平衡地区差距，有必要制定财政支出政策来缓解我国日益突出的区域差距问题。区域财政支出政策在空间维度的经济增长的作用效应和作用机制的研究符合财政支出政策更多地作用于空间维度的这一重要特征，适应各区域政府对财政支出政策作用机制了解的需要，为各区域政府制定产业发展规划、产业政策和相关财政支出政策提供应用基础。正确的财政支出导向有利于协调政策的制定和相应策略的提出。

3. 完善现有财政支出体系的需求

财政支出体系的完善需要适应新的形势和要求，合理的财政支出体系和结构将对市场构成重要的引导、补充和平衡。区域的协调增长客观上也要求财政支出体系能够围绕和谐目标进行完善和优化。财政支出体系的完善在缩小地区差异，实现共同发展和共同富裕中的作用越来越不可替代，受到越来越广泛的关注。我国公共行政处于重要的转型时期，不同区域、不同地区之间为了经济发展，制定各种财政支出政策，千方百计吸引优势产业在本区域聚集，这种激烈的恶性竞争导致区域差距不断扩大，经济难以实现均衡协调增长。为此，探讨以区域协调增长为目标的财政支出体系优化影响因素、路径及机制在当前我国具有重要的现实意义。

第三节 研究方法与技术路线

本书采用理论模型构建与实证检验相结合的研究方法，系统而全面地分析了财政支出体系与区域协调增长的关系、作用机制以及区域协调增长目标导向下的财政政策取向。空间经济学理论模型主要用于分析财政支出作用于区域协调增长的可能路径，经典区域经济学理论为财政支出最终影响区域协调增长的必要性及可能性提供理论依据。实证分析中，主要论述了财政支出结构失衡对区域协调增长的影响，空间计量经济学、空间趋同、灰色关联等分析方法则用于对财政支出体系与区域经济增长的实证分析，考察经济增长在财政支出体系结构性影响下的收敛特性。最终，运用博弈论、国民经济均衡增长理论等研究方法对基于区域经济协调增长的财政支出均衡路径选择和财政支出结构优化机制进行设计。本书所采用的软件支持主要有 Matlab 7.0、Stata 11.0、Geoda、Eviews 6.0 等。本书的技术路线如图 1-1 所示。

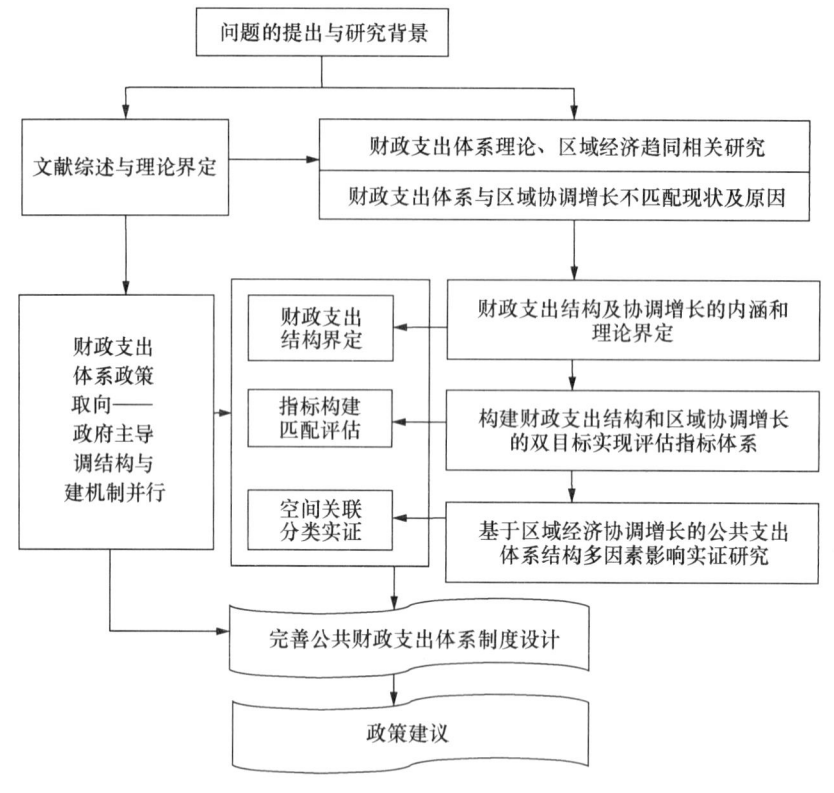

图1-1 本书技术路线图

第四节 研究内容和架构

一 研究范围

本书认为在新的国际国内形势下,完善公共财政支出体系是实现区域经济增长"公平"与"协调"双重目标的有效途径,在必要性分析上侧重"公平"目标下区域经济增长对公共财政支出体系优化的需求分析;在经验观察上着重进行区域经济增长与财政支出发展失衡的现状描述和财政支出结构原因分析;在进一步原因探讨中采用灰色关联和空间计量方法实证分析财政支出结构的多因素影响;在机制设计中,围绕信息效率和激励相容,这两个贯穿中央政府和地方政府在选择及交换不同程度的自主权下，和信息不完全等分散化决策条件下的两大核心问题，进行财政支出体系优化的路径选择与制度设计；在政策建议上着重探讨政府财政支出管理体系的建设，把握财政的一般性在社会主义市场经济条件下如何促进区域协调增长；在对策思路上则强调通过财政支出引导和财政支出结构的优化，以最大限度地发挥公共财政支出在市场经济条件下对区域经济协调增长的引导和协调职能。

二 研究架构

本书分为九章，具体内容如下：

第一章 绪论

提出本书的研究背景、目的和意义（理论意义和现实意义），阐述本书的研究方法与技术路线，指明研究内容与架构，并提炼课题的创新之处。

第二章 理论基础及文献综述

本章拟从三个方面综述国内外学者对公共财政支出体系与区域协调增长的研究现状与研究进展，分别从财政支出体系完善优化、区域经济协调增长（区域经济趋同理论），以及二者之间的关系的相关研究成果，并对进一步研究的必要性进行思考。

第三章 财政支出失衡和区域差异现状描述性分析

本章着重进行财政支出体系及区域增长双系统自身失衡的一般经验描述，从公共财政支出规模、地方财政支出结构等方面对我国财政支出的区域差异性特征进行了描述；并采用泰尔指数对我国区域失衡和区域差异进行了现状分析，尝试从区域差异现状的财政支出体系因素中寻找原因。

第四章 新形势下财政政策取向分析

首先，在分析政府是否应引导区域协调增长的价值取向时，从金融风暴爆发的原因入手，引出仅靠市场调节区域差距的缺陷。在此基础上，梳理了已有区域协调中政府和市场的作用理论，获得财政支出政策在区域协调中的主导职能取向。其次，在梳理我国历届五年计（规）划和目前关于"西部大开发"、"中部崛起"、"振兴东北老工业基地"等财政政策的基础上，分析目前我国调节区域协调增长的财政支出结构和体系政策导向方面的问题，提出调结构和建机制并行的财政支出政策导向。

第五章 财政支出结构与区域协调增长理论界定

结合相关概念及本书的目标，根据财政支出作用于区域经济协调增长的职能将财政支出结构分成了四个类别。并分别从财政支出结构、区域协调增长及两个系统匹配的双目标选择进行理论界定，为后文研究奠定基础及提供线索。

第六章　财政支出结构与区域协调增长的双目标匹配分析

本章根据功能与作用设计双目标评估指标体系，分别从财政支出结构角度、区域经济协调增长角度构建双系统指标体系，计算财政支出结构与区域经济协调系统的综合发展水平、匹配度、匹配发展水平以及总体匹配发展趋势四个方面的指数，并运用灰色分析法对财政支出体系与区域经济协调系统的匹配发展因子进行计算和评估。

第七章　基于区域协调增长的财政支出结构的多因素影响实证研究

本章深度分解财政支出体系（结构），从我国基本国情出发，根据数据的可得性及其财政支出自身特点构建了一系列能反映中国财政现实情况的指标体系，利用空间计量经济学、空间趋同等分析方法对1994—2009年我国财政支出体系与经济增长关系进行实证分析。主要从适应市场结构、适应社会经济需求的四个方面展开：省区财政支出结构，生产性支出与非生产性支出结构，中央、地方结构以及财政分权结构，分析具体财政支出体系（结构）因素作用于区域增长收敛的现状及可能的原因，为财政支出结构优化提供实证研究依据。

第八章　基于区域协调增长的财政支出体系优化的路径选择与机制设计

在当前收集整理到的理论研究成果和本书的能力范围内，本书借用机制设计理论把问题设定为基于区域经济协调增长目标下公共支出体系的路径选择和制度设计。本章在探讨这部分问题的架构和逻辑上选取了四个视角进行探索，首先将从制度性根源出发——通过溯源政府财政分权的历史及现状，刻画地方政府的双向代理地位下的财政和事权博弈过程，利用"委托—代理"理论探讨财政分权优化机制设计问题。其次，从中央政府占有较大自主权但信息不对称的角度，探讨制度设计中如何解决转移支付中隐藏信息的问题，从而实现公共支出规模意义上的财政支出均衡。再次，进一步在区分国际贸易与区际贸易的前提下，从地方政府占有较大自主权但区域间缺乏协调的角度，探讨中央政府如何引入约束及监督机制，构成区域间财政支出结构的优化。最后，探讨区域间各级政府的合作机制，从而将问题上升到探索公共支出区域系统架构意义下的公共支出效率最大化问题。

第九章 基于区域协调增长目标的财政支出体系完善的政策建议

本章在前文现状分析、实证分析、机制设计理论分析结果的基础上，对区域经济增长协调目标下的财政支出结构、体系的完善提出针对性政策建议和具体举措。

第五节 研究的创新之处

在充分吸取前人研究成果的基础上，形成了本书的创新之处，主要体现在以下四个方面：

1. 建立了基于理论、实证、制度保障三位一体的分析框架

财政支出体系与区域经济协调增长的实现是现实的中国国情的需要，其依赖于目标实现的制度及机制选择。以财政支出结构为切入点，以区域协调增长为财政政策导向，这是当前我国关于财政支出结构性政策与缩小区域差距领域的研究中较为薄弱的环节。针对长期以来学术界对这两个领域及其交叉领域研究中的内容构成—实证分析—对策建议的研究范式，本书的创新之处在于试图探究现行体系、制度的内在机理及运行过程，建立一个关于评价双目标匹配的理论基础—指标体系构建—实证解析—制度设计及管理的运行过程的分析框架。

2. 构造了财政支出体系与区域经济协调增长的双目标匹配评价系列指标体系及分析匹配趋势

本书分别通过多种方法筛选能够反映双系统结构、规模及效益的指标体系，并建立系统关联，从双系统综合发展水平、匹配度、匹配发展水平、总体匹配发展趋势指数以及系统匹配指数五个方面对财政支出体系（结构）与区域经济系统的匹配性进行判断，创新性地反映了双系统的关联程度与交互作用关系。该系列指标分析结果和分析范式不仅符合当前现实国情，也为后续进一步解构财政支出体系、分项讨论与区域协调关系奠定了基础，同时为其他类似问题的研究开拓方法论的领域。

3. 引入空间关联新视角，深度解构财政支出体系（结构）因素对区域协调增长的影响

空间是资源配置的区域形态，引入空间分析将更适应于区域经济分

析。然而，由于两方面的原因，长期公共政策的空间结构没有得到应有的重视。首先，早期的焦点对传统经济地理学产生了深层次的影响，使得很多经济地理学的研究对财政支出政策相对忽视。其次，一般均衡作为主流经济学的主要基础理论，空间的元素成为一个被忽视的因素。这使得主流经济学也极少关注基于空间结构的经济政策。本书将基于空间关联的财政支出政策进行讨论，通过运用空间经济学模型、空间计量方法，不仅丰富了财政支出政策作用效用和作用机制的研究方法，量化了财政支出政策作用于经济增长的程度，而且使我们能较精确地从时间维度和空间维度衡量财政支出政策对经济增长协调性的作用程度，减少区域财政支出政策制定中的主观性，为区域财政支出政策的制定提供具有可操作性的新思路、新方法。

4. 确立了以区域经济协调增长为目标导向的财政支出体系完善的路径选择与制度设计

本书认为：财政支出体系完善的导向目标可以有很多，然而从其内部寻找原因容易发现，区域协调增长是实现财政支出的民生导向、和谐导向、公平导向等职能的基本经济前提，而区域协调增长的实现也与上述其他导向形成紧密联系。为了最大限度地发挥财政支出政策的区域协调职能，保障这一基本经济目标的实现，进而保障一系列经济社会目标的实现，应当设计相应的制度作为重要的支撑。为此，本书创新性地从制度性根源、信息性根源等方面，探寻了财政支出体系优化的路径选择和制度设计。因此，分析得出的结论，既是理论上的逻辑终点，又可看作是实践的起点。

第二章 理论基础及文献综述

在现代市场经济条件下,市场在起基础资源配置作用的同时,也不可避免地会产生市场失灵的问题,因此,需要通过财政政策的动态优化来弥补这一市场缺陷。本书集中研究财政支出体系对市场失灵的弥补作用。财政支出体系的内涵十分丰富,巫建国(2009)指出,财政支出体系改革"概括地讲,以界定财政职能、明晰财政支出范围、调整优化财政支出结构、深化重点支出改革、完善转移性支出改革、创新财政支出管理制度、建立财政支出效益考核体系、完善财政支出监督机制、协调推进配套改革"。姜维壮、栾华(2002)将财政支出体系分为:财政投资、财政经常性项目、财政转移支付项目、社会保障制度项目。马国贤(2000)指出"财政支出体系改革的核心是确立绩效预算制度、单一财政账户制度和政府采购三项制度"。从以上权威文献可以看出,财政支出体系在绝大多数定义中都包含了结构和制度的双重含义。根据以上界定,本书也从财政支出结构和财政支出制度两个方面进行文献综述,并对两方面与经济协调增长的结合研究的相关文献展开综述,以期为全篇提供理论借鉴。

第一节 财政支出体系研究

财政支出是政府实现其功能的重要途径,其结构优化问题一直以来都是备受学术界关注的问题。中西方学者围绕财政支出的职能及其结构优化问题开展众多研究。

一 财政支出经典理论研究

国外公共财政支出研究综述:

1. 古典学派的财政支出理论

当代西方公共财政学说的基石是西方古典学派的财政支出理论。威廉·配第（1662）在《赋税论》中，基于政府职能的角度和新兴的资产阶级利益，提出财政支出的限定范围，指出政府应增加生产性支出及社会救济支出，发挥财政支出在提高国家生产力、振兴产业中的作用。

亚当·斯密（1776）在《国富论》中，主张严格限制国家的职能范围，应尽可能紧凑性地使用政府支出，支出应主要用于公共基础设施、国防、王室开支等。大卫·李嘉图的理论与亚当·斯密类似。在他的著作《政治经济学及赋税原理》（1817）中，他认为政府应被限定其职能范围，减轻公众税收负担，减少国家财政支出，这对国家的经济发展有利。

2. 财政支出的凯恩斯理论

凯恩斯（1936）理论产生的背景是20世纪30年代的资本主义国家大萧条，他主张政府应当积极干预经济，带领经济尽快走出危机，为此应实施扩张性财政政策。他认为，在经济萧条的条件下，政府应扩大财政支出的范围，提高公共基础设施投资的金额及公共消费支出，增加公共投资，以弥补私人投资，从而促进经济恢复增长并增加就业。

3. 财政支出的供给学派理论

供给学派认为，政府的一个重要举措是促进经济增长，并减少社会福利的支出。他们提出，很多人因为成本太低自愿选择失业，政府的福利开支，只会变相鼓励人们失业，从而增加失业率。同时，福利机构的扩大和管理人员的冗余也导致管理成本增加，浪费了巨大的社会财富。

4. 社会政策学派的公共财政支出理论

瓦格纳（1982）创建了近代财政学，瓦格纳认为公共支出增长速度快于经济增长速度，主要是因为：国家规模的扩大会导致政府支出的增加，对经济的干预力度加大会带来政府支出的增加，另外，公共支出还随人口增加而带来的城市规模的扩张而扩大，这对公共管理服务的数量和质量提出了更高要求，以及增大了政府改善社会福利的需求，对收入公平性也有了更高的要求，导致了财政支出的增长速度超过经济增长的速度。

5. 理性预期学派的公共财政支出理论

进入20世纪80年代以后，西方经济学者更多地使用计量经济学模型，从数学的角度通过研究财政支出与经济增长之间的关系，以确定最合适的财政支出规模和结构及其调整方案，其主要理论观点是政府财政支出结构与规模和经济增长之间有相关关系，他们致力于寻找两者之间的相关系数。

不同的财政支出理论是不同时期经济发展情况的反映，同时它也作用于当时的经济社会。因此，梳理财政支出理论的历史对改善我们今天的财政支出结构具有重要的参考价值。

二　财政支出制度文献综述

1. 国外财政支出制度研究

Tiebout 之前的财政学制度理论研究中，都没有涉及多层级政府体制问题，即为什么一个国家需要一个多层级的分权的财政体制，或者说在中央政府之外为什么还需要设立地方政府和财政。Tiebout（1956）通过构建一个"用脚投票"的地方政府模型，将公共物品理论中对全国性公共物品和服务的需求分析延伸到对地方性公共物品的需求分析，指出居民的流动性会造成地方政府间的竞争，最终会使地方政府能通过类似市场自由竞争机制一样的体制高效地提供地方性公共物品。

奥茨（1972）吸收 Tiebout 理论的特点，指出公共产品由中央政府和地方政府相对集中供应或分散供应的效率不同，提出了著名的奥茨定理。如果只由国家中央政府提供公共物品，那么居民更喜欢"用手投票"，而如果公共产品由中央政府和地方政府分别供给，则满足了居民"用手投票"的政治方式，还提供了"用脚投票"的自由选择方法满足居民的需求。因此，地方政府比中央政府有更大的热情提供公共服务。同时，即使下级政府和上级政府可以提供相同的公共物品，由于当地政府比中央政府拥有更多的信息优势，因此下级政府提供公共物品的效率会更高。他的结论是：有广泛公共偏好的公共物品应由中央政府提供，如果需求异质性较大，那么对于公共物品的提供地方政府的效率优势将更加明显。

Richard（1956）提出的财政分权的十二项原则：（1）财政分权应该被看作是一个综合系统；（2）财政分权的改革在于职能改革；（3）应该有一个强有力的中央政府对权力的下放进行管理和评价；（4）一个政府间的系统不能满足城市和农村地区的要求；（5）权力下放需要相当多的地方税收立法；（6）中央财政应制定自身遵守的财政分权原则；（7）程序尽量简化；（8）政府转移支付制度的设计应和分权改革的目标相匹配；（9）财政分权应考虑三级政府；（10）严格预算约束；（11）承认政府间拨款制度的过渡性，并进行方案的修订；（12）财政分权应该有它的支持者。Borge（2008）总结了财政联邦制的七项原则：等效多样性、集中再分配、位置中性、侧重稳定、溢出效应、基本公共服务的最低供应量、平

2. 我国关于财政支出制度的研究

赵志耘、郭庆旺（2005）通过实证研究发现，我国地方政府的税收控制指数相对较小，这意味着我国地方政府的税收自主性较小。除此之外，其他三项主要指标：国家财政收入中地方政府财政收入所占比重，国家财政支出中地方政府支出所占比重和地方政府财政收入构成，均显示我国财政分权的程度已经相当高。特别是支出指标的比重，似乎我国的财政分权太过了。

黎精明（2009）采用地方人均财政支出占中央与地方该指标之和衡量我国财政分权。他的研究发现，在1980年至1994年间财政分权呈明显上升趋势，1994年至2006年财政分权程度总体保持在略高于70%。他还认为，我国财政分权的程度应该已经接近甚至达到财政分权的最优水平。

楼继伟（2010）认为，虽然中央与地方财政支出比例和地方政府公务员比重等指标以及我国层级管理体制，均显示我国是一个过度分权的国家，但是中央政府对地方政府的行动进行干预的行为却几乎覆盖了经济和社会所有领域，在这个意义上，中国是高度集权的国家。但楼继伟（2010）认为，中国总体上应被列入过度分权的国家，很多应由中央政府承担的国家事务由地方政府财政承担，中央和地方需要重新集权。

三 财政支出结构研究综述

1. 国外财政支出结构研究

因为数学与计量经济学的进步，很多学者从数学的角度研究财政支出结构和经济发展之间的关系，寻求一个最有利于经济发展的财政支出结构模式，使得西方对于财政支出结构的研究主要集中于20世纪80年代以后。

Landau（1983）利用104个国家的相关数据，通过回归分析的平均经济增长率发现，增长的人均实际GDP与政府消费占GDP的比例已显著负相关，并得出"政府的消费支出不利于经济增长"的结果。

Kalyvistis（2003）对1955年至2003年加拿大经济数据进行的分析结果显示，生产性财政支出的增长速度是影响经济增长速度的重要决定因素，而公共投资将增加私人资本的投资动机，但私人资本相对于公共资本的增长积累来讲，存在过程中的滞后。

Goldsmith（2008）认为公共财政支出可以分为两类，即非生产性支出和生产性投资支出，通过相关理论分析，虽然他认为两种类型的支出能够促进经济增长在短期内实现，但两者的长期影响是不一样的。从长远来看，生产性投资支出将不仅直接提高产量，而且还有望提高民间资本投资的利润，从而进一步改善投资和总产出的总体水平，而消费支出将减少非生产性的私人投资，从而拖累经济增长。

2. 我国财政支出结构研究

我国公共财政的研究者们强调我国建立公共财政应该体现具体国情。公共财政作为政府宏观管理经济的重要手段，要弥补市场失灵的不足，改善国有企业的经济效率。而财政支出作为公共财政发挥作用的重要方式，得到国内研究者的重视。

20 世纪 90 年代中期及以前，研究中国的财政支出结构的出发点是财政支出的生产结构与计划经济体制相匹配，薄一波提出，通常是根据积累的收入部分不低于总收入的 20%，或稍高的比例。国家预算收入在国民收入的比例不低于 30%，或者略高，生产性投资占国家预算不低于 40%，或者略高。90 年代中期以来，其研究基本出发点转向和市场经济体制相匹配的财政支出和建立公共政府职能的结构。

政府支出的公共职能的研究。何盛明（1998）认为财政就是做政府要做的事情。贾康（2001）认为"支出范围和支出分配秩序，反映的是政府范围和政府活动的方向"。孙文祥和张志超（2004）运用实证分析方法考察了财政支出结构对经济增长与社会公平的影响。陈颂东（2005）考虑财政支出结构，以反映全面的政府活动的范围和方向，国家必须建立市场经济公共财政，以反映市场经济要求的政府职能。

支出结构规划立足于国情的研究。刘溶沧和夏杰长（1998）认为一个国家的公共支出结构反映处于不同时期的国际形势，在经济、政治、军事等方面，国家宏观经济调控的变化和状态。郭庆旺和赵志耘（1999）则认为，要判断中国目前的财政支出结构是否合理，不能以发达国家为标准来衡量支出结构，也不能用发展中国家的支出为准则，应该从中国基本国情出发来衡量和评价。项怀诚（1999）的研究指出，中国财政改革的支出结构在现阶段的基本方向是：资金从市场竞争性领域逐步退出，适当增加政府支出在科学、教育和社会保障等方面。

基于供需匹配的财政支出结构的研究。马拴友（2000）计算用于研究和开发的财政支出结构的最佳比例为 GDP 的 0.8%，最好的财政教育投资的比例不小于 GDP 的 2.4%。张馨（2004）指出，从开支的角度看，它应该是围绕"公共"和"溢出"问题的研究；从资本支出的角度看，应该是围绕"资本"和"国有"问题的研究。

基于经济发展的财政支出政策研究。陈共（2003）指出问题的关键是：优化财政支出结构，需要一方面按照公众关注的重点，安排有限顺序；另一方面根据目前的经济政策目标，逐步调整和理顺生产和消费的比例关系之间的支出。黄有光（2003）指出当今世界各国应该积极继续增加财政支出，因为私人消费水平达到一定程度后，很难增加福利，而财政支出可以弥补，并且财政支出效率的低下反而能提高最优财政支出水平。

第二节 经济增长趋同研究

区域协调增长反映了经济增长的趋同，经济协调增长是国民经济的全面协调均衡发展的前提，经济学家一直将其视为关注的焦点，尤其是在长期融合的经济增长的趋势和机制。20 世纪 60 年代，新古典增长理论成立，其对经济增长方面的意见已经占据领导地位。其核心为收益递减的资本理论，即人均资本较低的地区以更快的经济增长速度超过人均资本的量较高的地区，因此，出现欠发达地区向发达地区融合的趋势。围绕收敛、收敛速度和收敛机制的研究是西方区域经济研究的主要领域之一。

区域经济差距的政府调控的收敛性理论提供了重要的理论依据和政策启示。如果区域内长期趋势存在趋同，这意味着，政府只需要建立和维护一个更好的经济环境，并在市场机制的作用中，差异将逐渐减少；如果区域内长期趋同不存在，这无疑增加了政府宏观调控的难度，但政府可以通过创造有利于经济融合，加强衔接机制，以缩小地区经济差距的条件，达到宏观调控的目标。这一较新的思路和方法，影响了区域经济增长，能够更好地回答面临过大的区域经济差距问题时的关键因素，而现代的定量分析方法，详细的数据，运用各种计量经济模型，能影响我们的理论分析和测量验证，从而可用更明确的结论证实经济趋同的因素。研究经济趋同及其影响因素有助于发现制约该地区经济增长的关键因素。

一 理论研究综述

Solow 和 Swan（1956）从经济融合的角度，建立一个分析框架的理论推导。在新古典增长理论，主要有三个假设：首先，规模报酬不变；其次，边际收益递减的生产要素；最后，生产要素之间的替代。在经济增长的 Solow – Swan 模型中反映了资本的积累，以及资本积累和投资收益率的决定因素。在规模收益不变的情况下，只有人均收入取决于资本—劳动比率，这个比率只有当其上升时人均收入才可能会继续增长。同时，资产收益率等于资本回报的边际税率，也取决于资本—劳动比率，因为边际收益递减的要素，资本回报率随这一比例不断提高而下降，最终资本积累率不会超过劳动投入的增长速度，即资本—劳动比率将趋于稳定，人均收入最终也将趋于稳定。

从另一种角度来说，上述理论意味着经济增长的新古典理论没有办法解释或保证经济增长的长期可持续性。为了解决这个问题，索罗首先在生产函数变量中加入技术水平，他假定技术水平是一个外生变量，并保持恒定的速度增长，即技术进步或全要素生产率的增长速度（TFPG），因为技术的进步，能确保即使资本—劳动比率不变，资本边际收益也能不断提高，因此，技术进步可以抵消资本收益不断下降的趋势，始终保持在超过零或贴现值区域，从而保证了人均收入的持续增长。

然而，Solow – Swan 模型中有两个缺点：它假定储蓄率是外生的和不变的；传输动态稳定状态（Transitional Dynamics）的过程中，由于不变的储蓄率，这将导致过度储蓄的问题。Cass 和 Koopmans（1965）将拉姆齐消费者优化分析引入新古典增长理论中，假定消费和储蓄率取决于最大化的竞争性市场中的家庭和企业的效用，因此将储蓄率内生化。卡斯—库普曼斯模型实际上是一个扩展和修正的索洛—斯旺模型，然而，内源性的储蓄率并不能抵消对经济的技术进步依赖的长期增长，因此这两个模型的基本观点是相同的。索洛—斯旺模型核心是收敛（或趋同）的预测。如果国民储蓄率、技术进步率、人口增长率以及资本折旧率的差异不存在，索洛—斯旺预测的人均资本量趋于一致。这就是所谓的"绝对趋同"（或无条件收敛）。

经济增长的这个新古典理论结论是令人高兴的，至少在发展中国家的长期增长过程中可以最终实现国家之间的经济趋同。因此，许多经济学家开始进行实证研究，验证和支持新古典理论预测的经济增长趋势。

二 实证研究综述

1986 年，鲍莫尔调查在 1979 年比利时、美国、英国、瑞士、加拿大、丹麦、荷兰、法国、澳大利亚、挪威、芬兰、德国、瑞典、奥地利、日本、意大利作为世界上最富有的国家的增长速度。Solow – Swan（1956）建立的回归分析，结果显示有良好的绝对收敛。虽然在1870年时国家之间的人均收入水平有很大的不同，但非常接近的人均收入发生在1979年，这反映了绝对收敛的特性。

德龙（1988）在索罗—斯旺研究的基础上，又增加了7个国家，包括西班牙、葡萄牙、新西兰、爱尔兰、西德、智利和阿根廷，剔除了日本，使样本增加到22个国家。统计分析德龙依然采用索罗—斯旺模型，虽然回归斜率仍然是负，但拟合度是非常低的，这是一个大残差状态，表明该数据不支持绝对收敛。

索罗和斯旺的工作极大地推动了经济趋同领域的发展。然而，并不是所有的国家都有长期的增长数据，这使得索罗和斯旺的方法是不适用的，为此，更好的选择是"横截面数据的方法"，在很短的时间进行不同国家经济增长的研究，它可以消除小样本所带来的问题，并能保证数据是真实性的数字。

Parente和Prescott（1993）从1960年至1985年研究了102个国家，他们将各个国家的人均收入与美国的人均收入进行比较研究，考察同期的标准差：如果绝对收敛成立，则衡量人均收入差异的标准差会随着时间而减少，但在帕伦特和普雷斯科特对这26年间的研究中，标准偏差实际增长了18.5%，表明绝对收敛没有发生。

另一种方法是初始人均收入水平和经济增长的两个变量的回归。Barro（1991）研究1960—1985年98个国家的经济增长发现，绝对收敛确实存在，但相关性非常低，只有0.09；他还研究政府支出、政治环境、市场扭曲、人力资本、基础设施等影响经济收敛条件的因素。

Barro和Sala – i – Martin（1991，1992）对经济收敛进行了深入研究。他们对美国各州和欧洲区域经济收敛进行实证研究后发现，首先，如果每个国家的初始状态是相同的，那么距离初始稳定状态越远，则经济增长率越高，即落后地区的经济增长比富裕地区要快；其次，如果考虑到不同的技能水平、储蓄偏好等其他方面，那么稳定状态在各个国家将表现得不同，因此，人均收入水平的最初表现与经济增长速度并不一定是负相关关系。他们将各国与同样的稳定状态收敛称为"绝对的或无条件收敛，即β收敛"，而国家向不同的稳定状态收敛则称为"条件收敛或条件β收敛"。

Fuente（2000）指出，区域经济增长收敛机制除受要素的边际报酬递减规律的影响外，结构变化和技术进步也起着重要的作用。

Coulombe（1995）指出，城市化的经济变量可以用来反映区域经济的特点，他补充说将城市化的变量条件加入收敛模型中后，对加拿大10个省的人均收入相对值是否趋同进行了研究，发现各省大约以每年5%的速度收敛于自己的稳定状态，城市化的省份的相对速度决定了其稳态值。

Gamfalo和Yamarik（2002）使用曼昆（1992）在新古典增长模型中加入人力资本后的改进模型，对美国1977年至1996年的经济收敛进行了研究，发现收敛状态存在于模型中，以2%的速度收敛，并认为加入人力资本变量后，模型变得更有说服力。

在空间趋同研究中，Anselin和Rey（1991）构造了具有物理空间相关的空间效果和噪声影响的跨区域空间分析的框架，衡量物理空间变化与区域间的相互作用的关系。Martin和Ottaviano（2001）指出空间集聚与经济增长相辅相成：经济增长导致了空间集聚，同时空间集聚反过来又促进经济增长，它们之间呈现一个圆形的因果关系。Fujita和Thisse（2002）整合Krugaman核心—外围模型和内生增长的Romer模型，并认为人力资本流动的空间性在影响经济增长方面起重要作用。Brauninger和Niebuhr（2004）分析经济趋势在欧洲的表现，发现在1980—2002年期间，同时引进空间异质性和要素的空间外溢效应，空间效应模型的分析可以解释不同的稳定状态的经济趋同。

三　我国经济趋同的文献综述

中国的改革开放和经济的快速增长所伴生的地区间差异的增加也引起了研究者们的重点关注。

Chen等（1996）对1978年到1993年中国的人均国内生产总值在全国各省和地区进行了收敛的实证研究，研究发现各省区条件收敛的存在，收敛条件包括就业增长、物质资本的积累、投资于人力资本的力度和外商直接投资的力度。Jian等（1996）的研究也发现，中国各省在1978年以后的人均收入的增长显著收敛，他们指出中国的市场化改革和开放是影响收敛发生的重要因素。

认识到区域经济增长的收敛性研究方法的优势，中国的学者都在积极利用该方法研究中国区域经济增长收敛性的长期趋势。

宋学明（1996）通过分析发现，1978—1992年，中国各省区间呈现绝对收敛特征，基本的新古典增长理论的解释与中国的国情相符。张胜等（2001）对中国省际经济增长的长期绝对收敛性进行了研究，发现改革开放前存在趋同，改革开放后则不明显，但在东部和中西部地区内，有长期经济增长的收敛性。刘木平和舒元（2000）的研究表明，从1978年至1997年，中国的省际经济增长不存在绝对收敛，但条件收敛存在，收敛条件包括以市场为导向的程度、外资实际利用程度、基础设施投资、公共支出、技术进步、外贸依存度、出口、区位优势等。

蔡昉和都阳（2000）的研究发现，我国东中西部三个地区内部存在俱乐部趋同增长，通过增加人力资本投资、就业系数、投资效率、存在开放性和市场化程度的初始条件之后，条件收敛的确存在。沈坤荣和马俊（2002）也支持三个收敛俱乐部的角度，他们的研究指出具有相同的人力资本投资，开放程度和产业化水平的区域更容易形成区域趋同。徐现祥和舒元（2004）对中国的经济增长在城市的研究发现，中国的经济增长收敛与城市的绝对收敛存在。王志刚（2004）对中国经济增长的收敛进行检验，包括绝对趋同、条件趋同和俱乐部趋同，特别是最后一个假说。但从区域经济增长收敛的原因来看，大多数研究建立在新古典增长理论的横截面框架的主流研究的基础上，使用OLS估计方程，甚至使用非标准的测量方法，忽略了不同的统计检验方差和序列相关现象。

吴玉鸣和徐建华（2004）使用莫兰指数法及面板数据对我国31个省级地区经济增长趋同及其重要影响因素进行了分析。林光平、龙志和、吴梅（2006）利用我国25年的人均国内生产总值对全国28个省区经济增长中的趋同趋势进行检验，改变传统方法来纠正所产生的收敛研究误差，趋同方法修订后的收敛表明：随着中国经济的发展，特别是近几年来，某些省表现出一系列经济趋同的趋势，而与绝对收敛的趋势不匹配。

贾俊雪和郭庆旺（2007）运用基尼系数、面板时间序列分析和核密度估计的方法，对1978—2004年我国区域人均GDP水平差异、全国及各地区是否存在增长趋同和增长分布的动态演进方式的分析表明，我国财政区域协调政策的确起到了促进区域经济协调增长的作用。

综上，对于经济增长趋同的研究主要将增长趋同或趋异性归结于初始年份的经济发展水平，有涉及物质资本和劳动力要素，当然，也有人力资本投资、外商直接投资、外贸依存度，甚至制度、地理位置与优惠政策等诸多因素，但在区域经济增长趋同研究文献中对财政支出作用的关注文献较少。

第三节 财政支出体系与区域经济增长研究

一 国内外财政支出制度与区域经济增长研究

Bird 等（2002）通过对转型国家的实证研究发现，实际情况远比理论预测结果更加复杂，他们发现很难明确确定财政分权对经济增长的影响。Paul（1991）认为，财政分权与经济增长的关系不显著且不重要。Brauninger 等（2004）、Wang（2001）也认为，财政分权与经济增长之间的关系不能确定。Stephen（1993）认为，财政分权和人均经济增长的单一制国家二者之间存在正相关关系，具有联邦制的国家则二者的关系不确定。Toye（2000）则认为财政分权和经济增长之间的关系如拱形关系，权力下放度过低或过高，都不利于国家经济增长。

国内学者关于财政分权和经济增长之间的关系，运用不同的研究方法得出不同的结论。张海星（2003）研究了1979—1992年省级经济增长与中央政府和地方政府财力分配的相关关系，财政分权被发现不利于当地的经济增长，这和传统看法构成了区别，更加明显的效应体现在我国过度分权时期（1985—1989年）。他们认为，在转型国家早期的经济发展，由中央政府集中力量进行基础设施建设可能作用于经济增长的效果更明显。沈坤荣和付文林（2005）使用省际层面的面板数据，实证检验财政分权对经济增长的促进作用。因此，他们的结论是，应继续完善财政分权制度，从而进一步提高全局意义上的公共投资的整体效率。

二 国内外财政支出及结构与经济增长研究综述

国外研究方面，在政府支出与经济增长之间的关系上，Arrow 和 Kurz（1970）的研究作出了开创性的贡献，他们发展出一种新古典模型，财政支出作为一种生产要素被纳入宏观经济生产函数，私人消费和财政支出存量都是消费者效用函数的影响变量。

$$Y(t) = F[K(t), G(t), L(te^{\tau t})] \tag{2.1}$$

其中，$K(t)$ 表示私人资本存量，$G(t)$ 表示纯公共产品存量，L 是外生给定的技术进步率提高的劳动力的存量。稀缺的金融资源导致私人资本和公共支出竞争，同时也提高了私人资本的边际产能。他们的研究还指出，消费者的总体效用和私人投资均能从公共支出中获益，公共物品支出的积极作用将使这个变量具有两方面的影响。例如，教育对生产力有积极作用，也可以直接影响盈利。根据上述的效果，他们提出特定的时间内社会最优的选择，收入在消费和投资之间分配的同时，也是资本公共部分和私营部门之间的分配的过程。

Barro（1990）通过经济的公共开支对生产机会产生积极的影响的想法，指出政府在促进经济增长中起决定性作用，同时将政府支出纳入宏观经济的生产函数，根据 A–K 理论（Arrow & Kurz，1970）分析了影响经济增长的政府活动内生增长模型，他首先分析了下面的生产函数：

$$Y(t) = F[K(t)I_G(t)] = K(t)^{1-\alpha}I_G(t)^{\alpha} \qquad (2.2)$$

上式中 $I_G(t)$ 表示政府支出流量，α 表示支出的产出弹性，为增加收入以应付公共开支，政府在税收对家庭收入的比例中假设一个平衡的预算，公共支出流量由以下公式决定：

$$I_G(t) = \tau K(t)^{1-\alpha}I_G(t)^{\alpha} \qquad (2.3)$$

Barro 模型中的公共支出提供公共物品是比较宽泛的，除了交通设施等公共物品外，还包括国防、法院等公共服务。因为他认为，后者可以提供提高资本私有财产回报的保护。和 Arrow 与 Kurz 不同的是，Barro 假设公共支出流量而不是公共支出的存量直接进入宏观生产函数，揭示内生增长的原因是由于公共支出对私人资本有积极作用，可避免实物资本下降的边际生产率。Barro 和 Sala–i–Martin（1992）扩展了该模型，其主要使用公共产品和拥塞模型来分析公共支出对经济的影响。政府通过对公共物品的公共开支提供的不只是纯粹的公共物品，而且还夹杂着拥塞的公共产品特征，如交通基础设施。他们指出，政府鉴于已经拥挤的公共产品特性，所得税征收比定额税征收更优，因为此时等同于向用户收费。

Greiner（2000）在使用 Brrro 模式时，采用了公共支出的存量比公共支出的流量对经济增长更能起到决定性的作用的观点。他认为，公共支出对私人资本的边际生产力的作用主要是由公共支出的存量产生更加重要的正面影响。在 Greiner 模型中，公共支出存量具有非排他性、非竞争性，这是不考虑 Barro 等认为的公共物品的拥塞效应的影响。如果政府从生产性公共支出的资源转向非生产性的政府开支，将导致经济增长下滑，他根据财政政策（包括生产性公共支出、非生产性公共支出）对经济增长的基本影响得出这一结论。他还认为，在大量的非生产性政府支出和投资补贴条件的存在下，必须有一个较高的所得税率，以便能够最大限度地提高经济增长。换句话说，在大量公共资源投入到非生产性支出项目下，税率要高到能满足基础设施等生产性投资的生产需要，才能促进经济可持续增长。

另一种观点认为，政府消费支出对经济增长产生负面影响。Landau（1983）对 104 个国家 1960—1971 年的经济增长率进行了实证分析，发现人均实际 GDP 增长率与政府消费占 GDP 的比重均出现了显著负相关，进而他也通过研究发现不包括教育、国防的公共支出占 GDP 的比重对经济增长有显著的负面影响（Landau，1986）。

可以说，通过 Arrow 和 Kurz 等的贡献，学术界对政府公共支出生产性的特点并没有太多疑问，但由于经济增长由不同的公共支出结构作用而产生不同的结果仍然有很大的争议。从对经济增长的公共开支影响结构的研究中，这些研究利用时间序列分析方法对来自不同国家的数据验证公共支出的结构变化对经济增长的影响，一般用跨国比较的研究分析方法。

国内的研究自 20 世纪 90 年代中期起，已经逐渐重视财政支出与经济增长的结构性的关系的研究。

龚六堂和邹恒甫（2001）从理论上给出了政府的公共支出与经济增长产生联系的随机模型，讨论政府对经济增长的公共支出波动性影响。通过建模和政府的资本支出增长的实证分析，得到不影响统计的经济增长，经常性开支可以促进经济增长；波动的政府资本支出和经常性开支对经济增长造成消极影响。当根据不同类型的公共开支讨论政府职能时，与经济增长的关系，获得正相关、负相关或不相关等结论。

庞瑞芝（2002）建立了一个经济增长的一般模型，提出了建议最佳公共支出的政策选择，即是对教育和人力资本的支出，政府应确定最佳的受益目标。

庄子银和邹薇（2003）介绍了中国公共支出与经济增长，使用时间序列和横截面实证分析，发现由于公共支出预算的迅速扩张，削弱了中央政府的能力，由此带来调整成本的上升，从而造成公共开支急剧上升，对经济增长造成了负面影响。

郭庆旺、吕冰洋和张德勇（2003）通过构建理论模型和实证分析，得出了政府的公共支出规模对经济增长产生负面影响，而生产性公共支出促进经济增长，政府的公共支出对人力资本投资比对物质资本的投资支出更能促进经济增长，投资支出中的科学支出所带来的经济增长比人力资本和物质资本投资支出对经济增长的贡献要高得多。

张海星（2003）通过财政支出和经济增长的回归分析，测算出对经济增长的各项财政支出影响和贡献的方向和程度，指出要使中国的财政支出结构优化，流动性供给应逐步淘汰，退出对竞争性领域的资本支出或投资，主要是提供基础设施和其他公共服务的投资，适度压缩地质勘探开支，大大降低行政成本和价格补贴，增加潜在的产业升级转化和科技三项费用，增加教育、科学、医疗、国防和社会保障开支。

不仅财政支出结构优化，流动性供给也应逐步淘汰，退出对竞争性领域的支出。孔祥利（2005）使用斜率关联模型，实证分析了中国从1996年到2003年期间政府支出和经济增长的关系，发现二者呈显著的正相关关系。这个实证结果，说明实际中的政府支出不仅其规模扩大与真正的经济增长趋势完全一致，且规模仍有继续扩大的趋势。

孙长清和李晖（2006）在《基于经济增长的财政支出最优化》一书中运用计量方法根据1978—2003年各项财政支出的数据，论证了科教文卫事业开支、国防开支、转移性开支、公交商流等部门开支均与经济增长呈正相关关系，基本建设支出、行政管理费用支出与经济增长呈负相关关系。

张钢和段澈（2006）在 Barm（1990）、Barro 和 Sala－i－Martin（1995）、Mendoza 等（1997）关于研究财政政策框架下，对财政支出与经济增长关系的省际面板数据结构予以检验研究，结果表明其具有比较鲜明的地区差异性。

杨杰和叶晓蓉（2009）通过构建中国省级面板数据（panel data）模型，对2003—2007年社会保障财政支出在实证分析经济增长之间的关系，得出社会保障支出与经济增长的区域性呈正相关关系的结论。

三　国内外财政支出体系与区域经济"协调"增长的研究

除了对财政支出的经济增长效应进行研究以外，一些学者也开始从中观层面关注财政支出与区域经济协调发展的关系。陈秀山和徐瑛（2004）对中国区域差距影响因素进行了实证研究，强调要进一步建立和完善财政转移支付制度，促进区域协调发展；付文林和沈坤荣（2006）利用我国省际面板数据，分析了中央、地方政府财政支出对经济增长的影响；刘寒波（2007）通过"两区域、两要素与两部门"模型研究，在不考虑本地交易成本的前提下，推导出地方政府公共服务供给变化不仅会影响要素区域间流动，而且产生了要素空间聚集效应；丁芸和张昕（2007）对财税政策选择与区域经济协调发展开展了研究。

当前关注财政支出结构对区域经济增长收敛作用的研究文献较少，张明喜（2007）利用1994—2005年我国的分省数据，实证研究结果显示地方财政支出在全国范围内未对经济增长起到收敛作用，但是在东部地区发挥了良好作用，而中部地区的地方财政支出反而促进了该地区的经济发散，对西部地区的作用则不显著；吴颖和蒲勇健（2008）测算了1990—2005年31个省市的生产性公共资本存量，经济增长收敛模型的实证结果表明包含公共资本和财政支出的结构变量的情况下，20世纪90年代以来出现新古典经济增长收敛趋势。

四　对现有研究的反思及进一步研究的方向

1. 对现有研究的反思

综上所述，对于财政支出体系对经济增长的重要作用及相互关系已有相当研究，财政支出是区域经济发展到相应阶段的重要推动力及主导因素之一，财政支出体系与区域增长及协调发展的研究是对我国当前国策的重要体现，因此，将财政支出体系问题和区域协调增长两个研究领域相结合更具有特殊的时代意义。中国的学者以自身的专业知识为依托，从不同的角度对这一领域的问题进行不同程度的研究，获得瞩目成果，但仍存在局限性：

（1）对于财政支出的增长体制和经济协调系统的研究不够全面，现有的文献对区域协调增长的财政支出影响结构、因素、机制、原因较少从理论和分类实证中涉及。

（2）已有研究大多从时间维度出发，偏重阶段性研究，影响因素研究，鲜有通过空间维度，寻找空间收敛趋势及财政支出结构性因素，因此其政策建议的针对性和空间适用性有待商榷。

（3）对于财政支出结构和区域协调增长的研究较少，且尚未构建相应指标体系定义并评估两系统的匹配因素、匹配程度、匹配趋势。

（4）针对区域收敛的财政支出制度的机制设计和均衡路径较少被研究，新形势下的财政支出结构政策取向有待新的思考和确定。

目前研究中，基于区域协调增长导向的财政支出体系的研究还比较欠缺。本书认为，区域协调增长中的财政支出结构和制度等因素是影响区域差距的重要调节因素，是社会主义优越性的集中体现，是现代经济发展中无法逾越的历史阶段。本书将用新的视角和思路研究和思考中国区域经济协调增长的财政支出结构优化和制度优化的问题。

2. 本书将要进一步研究的问题

本书在比较分析国内外研究现状的基础上，拟解决以下问题：

（1）从理论的角度回答财政支出对于区域经济协调增长影响的可能性和必要性问题。

（2）从动态系统的角度研究双目标的协调匹配问题。

（3）从空间收敛的角度研究双系统的空间关联。

（4）从全面解析财政支出结构的角度研究对区域协调增长的影响的结构性因素问题。

（5）从制度管理的角度研究财政支出体系优化机制及政策取向问题。

第四节 本章小结

本章主要从财政支出结构及制度优化、经济增长趋同以及二者与经济增长的研究三个方面对国内外已有研究进行了梳理，已有研究对区域协调增长导向的财政支出体系优化政策的研究还比较欠缺。本书认为，财政支出体系的完善是实现我国区域经济全面稳定协调增长的重要基石。基于此，有必要对财政支出体系的内在结构与经济增长之间的关系进行深入的探讨。

第三章 财政支出失衡和区域差异现状描述性分析

第一节 地域单元的划分及时点的选择

地区差距的大小和变动态势与所采用的地区单元的划分方法高度相关。国内外学术界大多选择"三大区域"或省区作为地域单元。"三大区域"即中国的东中西部地区,这一划分方法在中国的区域经济政策的制定和实施历程中,扮演了不可替代的角色,本书也采用这一划分标准进行研究区域的选定。具体请见表 3-1。

表 3-1　　　　　　　　全国东中西部地区划分

地区	包含省份
东部	北京、上海、天津、浙江、河北、江苏、山东、广东、福建、辽宁、海南
中部	山西、江西、河南、安徽、吉林、黑龙江、湖南、湖北
西部	内蒙古、云南、贵州、四川、广西、重庆、青海、宁夏、新疆、甘肃、陕西、西藏

本书将分析重点放在1994—2009年分税制实行后的时间段内,反映分税制这一重大影响因素发生后,财政支出与区域增长的关系特征。

第二节 我国财政支出的区域差异性特征描述

一 财政支出规模差异分析

地方政府支出规模反映了当地经济的干预,从1994年起,财政支出的规模随经济规模的增长而增长,而财政支出占国内生产总值的比例也逐年增加。表3-2显示,东部地区的财政支出与国内生产总值从1994年到2009年,同比增长了13.40倍和7.24倍,中部地区同比增长了15.16倍和6.71倍,西部地区则同比增长16.90倍和6.94倍。总体而言,财政支出规模的扩张超过了GDP的增长速度,其在区域经济增长中的作用更加凸显。

表3-2　　　　　　东中西部地区财政支出占GDP比重

单位:亿元,%

年份	东部 财政支出	东部 GDP	东部 比重	中部 财政支出	中部 GDP	中部 比重	西部 财政支出	西部 GDP	西部 比重
1994	1918.75	25704.91	7.46	979.83	11205.65	8.74	981.86	8434.57	11.63
1995	2421.99	32639.36	7.42	1198.27	14414.93	8.31	1208.08	10481.00	11.53
1996	2910.84	38246.79	7.61	1468.63	17187.03	8.55	1406.81	12312.32	11.43
1997	3346.25	43275.44	7.73	1627.93	19307.76	8.43	1588.65	13756.07	11.55
1998	3915.41	47196.21	8.31	1908.64	20673.15	9.23	1848.52	14789.09	12.50
1999	4535.45	50830.28	8.92	2289.32	21734.12	10.53	2166.36	15651.22	13.84
2000	5276.51	57411.91	9.19	2576.68	24003.66	10.73	2601.09	17088.57	15.22
2001	6505.70	63610.30	10.23	3206.40	26207.84	12.23	3422.46	18728.22	18.27
2002	7505.15	71176.65	10.54	3700.60	28680.58	12.90	4075.70	20718.38	19.67
2003	8774.87	82967.41	10.58	4110.14	32590.36	12.61	4344.84	23696.31	18.34
2004	10433.96	99494.72	10.49	5025.76	39488.97	12.73	5133.09	28603.48	17.95
2005	12768.75	117795.41	10.84	6132.85	46362.07	13.23	6252.71	33585.93	18.60
2006	15013.76	137844.20	10.89	7790.73	53682.00	14.51	7626.84	39527.14	19.30
2007	18714.21	165194	11.33	9774.82	55920.17	17.48	9850.26	49182.48	20.03
2008	22891.02	194085.15	11.79	12591.75	67226	18.73	13765.73	60447.77	22.77
2009	27633.91	211886.90	13.04	15830.08	86443.31	18.31	17580.15	66973.48	26.25

资料来源:《中国统计年鉴》(1994—2009)。

表3-2的地区数据表明,省区财政支出占国内生产总值的比重,从东到西逐渐增高,2009年东部为13.04%,中部为18.31%,西部为26.25%。这一情况与东中西部情况相适应,东部地区GDP规模大,同时市场化程度较高,因此其财政支出占GDP比重较小,而在市场化程度不高的中西部地区,对财政的依赖程度较大,财政支出在经济增长中还起着

主导作用，因此，这一比例明显偏大。

接下来分析人均财政支出，这一指标是财政支出均等化的衡量标志。其均衡性往往反映了财政支出的公共服务均等化职能，这一指标的均衡对区域协调增长具有重要意义，是保证各区域经济环境基本公平的重要指标，也是衡量区域差距的有效指标，该指标如果在区域间差异过大，将导致区域差距持续扩大。下面选择全国东中西部三大区域1994—2009年的人均财政支出指标来分析地区间这一方面的差距，衡量地区间某指标的差异的办法是计算地区间该指标的变异系数（全国人均财政支出指标在三个地区间标准偏差÷这三个地区的人均财政支出的均值）。这一指标越大，说明各地区人均财政支出指标偏离均值的幅度就越大，地区间差距也就越大；反之，偏离均值的幅度越小，意味着差距越小。通过计算，可以得到如图3-1所示的人均地方财政支出变异系数。

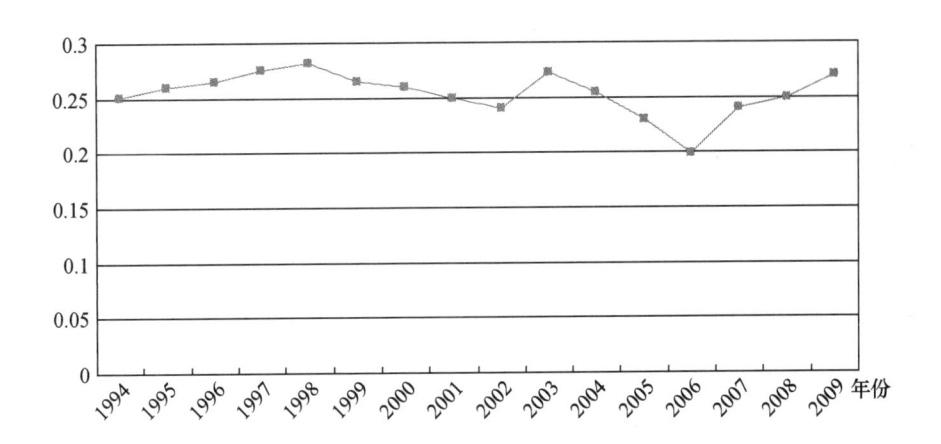

图3-1　人均地方财政支出的变异系数

资料来源：根据1994—2009年的《中国统计年鉴》有关数据计算得来。

图3-1描述了自分税制改革以来到2009年的地区人均财政支出的变异系数，从图中可以看到该系数在1994年至2003年间波动不大，保持在0.25—0.3之间，从2004年到2006年，变异系数急剧下降，说明随着国家区域协调政策的出台，地区间人均财政支出趋向平衡，但在2006年之后，则变异系数又出现反弹，急剧上升至0.28，可能的原因是政策的持续性跟进问题，也表明财政转移支付的资金仍然存在地区分布不均匀的问题。

二 地方财政支出结构分析

进一步地，分析东中西各地区的具体财政支出结构，选择支农支出等5个财政支出分别占财政支出的比例和占GDP的比例来看我国地方财政支出结构不均衡的现状，更好地了解财政支出对各地区经济增长可能存在的影响情况。为方便进行比较，本书选择1995年、2000年和2006年的财政支出结构数据来进行计算分析，见表3-3。

表3-3　　　　　东中西部地区财政支出结构比较

单位：亿元,%

		1995年			2000年			2006年		
		金额	占财政支出比重	占GDP比重	金额	占财政支出比重	占GDP比重	金额	占财政支出比重	占GDP比重
东部	经济建设	589.31	24.33	1.81	1319.42	25.01	2.30	3422.59	22.80	2.48
	支农支出	155.79	6.43	0.48	287.81	5.45	0.50	764.57	5.09	0.55
	科教文卫	652.74	26.95	2.00	1283.63	24.33	2.24	3363.33	22.40	2.44
	社会保障	54.65	2.26	0.17	472.03	8.95	0.82	1605.91	10.70	1.17
	行政管理	359.49	14.84	1.10	801.63	15.19	1.40	2485.63	16.56	1.80
中部	经济建设	192.89	16.10	1.34	477.47	18.53	1.99	1164.36	14.95	2.17
	支农支出	101.54	8.47	0.70	178.72	6.94	0.74	532.15	6.83	0.99
	科教文卫	336.03	28.04	2.33	583.43	22.64	2.43	1648.31	21.16	3.07
	社会保障	31.75	2.65	0.22	382.25	14.83	1.59	1321.73	16.97	2.46
	行政管理	215.91	18.02	1.50	413.63	16.05	1.72	1227.80	15.76	2.29
西部	经济建设	231.93	19.20	2.21	624.71	24.02	3.66	1489.51	19.53	3.77
	支农支出	126.50	10.47	1.21	222.94	8.57	1.30	670.46	8.79	1.70
	科教文卫	331.30	27.42	3.16	583.85	22.45	3.42	1695.28	22.23	4.29
	社会保障	28.26	2.34	0.27	344.78	13.26	2.02	1077.94	14.13	2.73
	行政管理	227.59	18.84	2.17	444.22	17.08	2.60	1270.46	16.66	3.21

资料来源：根据1995—2008年的《中国统计年鉴》有关数据计算得来。

1. 东中西部地区财政支出结构共同特征

表3-3显示我国的财政支出结构对经济增长的匹配和适应已经达到了逐步契合的状态，各地区财政支出占GDP的比重都呈现上升趋势，这符合瓦格纳定律，即随着经济发展水平的提高，为适应公众对公共服务的

更多需求，财政支出的增长速度将快于 GDP 增长的速度，这一趋势也是我国三大地区中出现的共同特征。第二个共同特征是经济建设支出仍然占财政支出的较大比例，表明我国目前还未完全摆脱政府干预经济的模式，政府在地方经济发展中起到了主导作用，并且没有随着时间的推移而发生太大的改变。第三个共同特征是三大地区的社会保障支出都有了显著的提高，比例出现了大幅度上升，这是国家更重视民生导向的财政政策使然。第四个共同特征是各地区的科教文卫和支农方面的支出表现出相似的下降趋势。这些支出的长期缺位将可能影响该地区经济和社会发展的长期稳定。

2. 东中西部地区财政支出结构失衡对区域差距形成的影响分析

从表 3-3 可以看出，东中西部地区的财政支出结构相对于各地区本身而言，最有可能产生区域差距的财政支出即经济建设支出，出现了较大的异质性。其中，东部地区的经济建设在 1995 年就达到了该年财政支出的 24.33%，甚至远超过中西部地区在 2006 年的该项指标占财政支出的比重，如考虑同年的绝对值比较，则 2006 年，东部地区用在经济建设上的三大财政支出大约是中部地区的 3 倍，是西部地区的 2.3 倍，从基数和总量上看，东部地区已经远远超过中西部。从相对比重来看，东部地区对这一支出的投入也远超中西部地区，这可以部分解释区域差距扩大的财政支出结构的地区失衡原因。

在对农业的支出中，中西部地区该项指标占财政支出在该地区的比例均高于东部地区，表明中部地区和西部地区的农业负担较重，产业结构中农业比重较高，还需要财政的大力扶持，这也影响了财政支出在区域其他职能上的发挥。

科教文卫支出中，如前所述，三大地区都呈现出这一开支在财政支出中的比重下降的趋势，同时，从各地区横向比较来看，占各自财政支出比例都比较相同，占 20% 以上，只是由于基数的不同，导致东部的科教文卫支出总额是中部及西部的约两倍，这从长期上制约了中西部地区的创新能力和公共服务保障能力，影响了中西部地区的赶超型增长的能力，导致中西部地区始终落后于东部沿海地区的经济增长。

社会保障支出中，各地区都有了巨大的改善，中西部地区也在对东部地区进行追赶，在这方面落后较为不多，在总量和相对量上都在追赶东部地区水平，并且有了比较接近的趋势，有利于吸引和留住人才。

行政管理支出中，各地区该项支出占财政支出的比重基本相似，其是否构成区域差距形成的原因，有待本书在后面的分类财政支出结构的实证分析部分进行检验。

第三节 财政支出区域协调政策及实施效果

一 中国区域协调现有财政支出政策

1. 财力性转移支付政策简介

财政支出政策的区域协调职能在我国主要由财力性转移支付来完成。

财力性转移支付是为了弥补财政实力薄弱地区的财力缺口，均衡地区间财力差距，以实现地区间协调增长的中央安排给地方的财政补助支出。

我国财政转移支付体系在分税制改革后也得到不断完善，改变了过去中央与地方一对一讨价还价的谈判模式，确立和完善了财力性转移支付管理体制，增强了财力性转移的系统性、合理性，减少了中央对地方财力性转移支付数额确定的随意性。新的体系在促进区域协调发展的要求下，不断加大财力性转移支付规模，均衡地区间财力差距。

2. 财力性转移支付政策的具体实施

1994—2006年期间，中央财政对地方财政的转移支付占地方财政支出的比重从11.4%提高到30%。其中，西部地区占比年均提高25.14%，中部地区占比年均提高17%。其具体措施包括以下三个方面：

第一，1995年，中央财政设立了一个过渡性地方财政转移支付制度，根据当地的人口、GDP等因素，按照统一的标准公式来计算其财政收支，对财政收支存在缺口的地区按相应的系数给予财政补贴，更大缺口的地区补贴系数更高。这种转移支付制度在执行中不断完善，并得到了当地政府的普遍认可。特别是自2002年实行税制改革和收入分成改革以来，中央政府由于税收分享办法改革增加的收入，主要用于对中西部地区的一般性转移支付，建立一般性转移支付的可持续增长机制。2006年中央对地方一般性转移支付在2001年的基础上增加约10倍。

第二，2000年为配套西部大开发政策，特别是贯彻西部地区民族区域自治法相关规定，对民族地区实施转移支付，规定对民族地区增值税按环比增量的80%转移支付给当地,同时与中央增值税增长率挂钩,中央另外安排资金进行转移支付,2006年该项开支为155.63亿元。

第三,1999—2006年中央四次出台调整工资政策。对因调整工资增加的支出,中央财政对中西部地区按各地区困难程度实施转移支付以弥补调整工资支出差额。弥补调整工资支出的转移支付政策,根据政策要求和地方的承受能力测算并实施,促进了相关地区的稳定发展。2006年调整工资转移支付为1723.56亿元。

2006年中央财政对地方财政财力性转移支付在1994年的基础上年均增长38%,由最初的99.38亿元提高到当年的4731.97亿元,占转移支付总额的比重提高到50%以上。财力性转移支付的稳步增长,较大程度地改善了中西部地区的财力水平落后的现状。2006年,如果将东部地区人均地方一般预算支出作为标准值100,中西部地区则仅为32。在转移支付实施对地区间收入进行再分配后,中、西部地区人均一般预算支出分别上升为55、63。

二 财政支出政策未能根本上改善区域增长失衡的现状

尽管国家实施了多种财力性转移支付等财政支出政策及手段来协调区域差距,但是收效甚微。在公共性物品的提供上得到了较多的关注,但在区域实现内生增长的财政支出结构设计和机制动力设计上仍然缺乏有效的财政政策导向。

本书采用人均国内生产总值的泰尔指数来反映中国的区域差距。

泰尔指数常被用来反映各国和地区之间收入不平等的一般水平,其等于每个国家或地区的人口所占收入加权总和的比重比每个国家或地区的收益权的对数。区域差距扩大表现在泰尔指数上也是增大的趋势,当所得在各个区域之间平均分配时,泰尔指数达到最小值(零);当收入完全不平等时,泰尔指数将达到极大值。

$$T = \sum_{i=1}^{n} \left(\frac{Y_i}{Y}\right) \log\left(\frac{Y_i/Y}{P_i/P}\right) \tag{3.1}$$

其中,T 代表泰尔指数,Y_i 和 P_i 是 i 地区的 GDP 和人口,Y 和 P 是全国的总国内生产总值和总人口,n 是地区总数量,Y_i/Y 和 P_i/P 分别是 i 地区的 GDP 占总 GDP 比重和人口占总人口的比重。

泰尔指数还具有可分解性。它可以直接分解成组与组之间的差距与组内部的差距。其分解计算如下:

$$T = T_b + T_w = T + \sum (Y_i/Y) T_{w(i)} \quad (3.2)$$

式中：

$$T_b = \sum_i \left(B\frac{Y_i}{Y}\right)\ln\left(\frac{Y_i/Y}{P_i/P}\right) \quad (3.3)$$

$$T_{w(i)} = \sum_j \left(\frac{Y_{ij}}{Y}\right)\ln\left(\frac{Y_{ij}/Y_i}{P_{ij}/P_i}\right) \quad (3.4)$$

其中，T_b 为组与组之间的差异；T_w 是一组以内的差异，它是每个组内部的差异 $T_{w(i)}$ 的考虑了权重因素后的求和；Y_{ij} 和 P_{ij} 分别为 i 组内 j 地区的 GDP 和人口数。

三 我国区域经济增长失衡的测度

利用上述泰尔指数分解法得出的泰尔指数以及地区间和地区内的指数，如表3-4所示。

表3-4　　　　　1995—2009年人均GDP泰尔指数及分解

年份	泰尔指数总体指标	区域间泰尔指数	区域内泰尔指数	西部	中部	东部
1995	0.0517	0.0363	0.0155	0.0017	0.0017	0.0121
1996	0.0492	0.0340	0.0152	0.0015	0.0018	0.0119
1997	0.0509	0.0348	0.0161	0.0016	0.0018	0.0127
1998	0.0522	0.0352	0.0171	0.0016	0.0016	0.0138
1999	0.0553	0.0372	0.0181	0.0016	0.0015	0.0150
2000	0.0557	0.0379	0.0178	0.0017	0.0016	0.0145
2001	0.0578	0.0391	0.0187	0.0018	0.0015	0.0154
2002	0.0601	0.0406	0.0195	0.0018	0.0014	0.0162
2003	0.0628	0.0424	0.0204	0.0022	0.0015	0.0167
2004	0.0612	0.0409	0.0203	0.0025	0.0014	0.0165
2005	0.0548	0.0364	0.0185	0.0027	0.0012	0.0145
2006	0.0508	0.0329	0.0179	0.0031	0.0012	0.0136
2007	0.0640	0.0327	0.0201	0.0044	0.0011	0.0146
2008	0.0586	0.0324	0.0197	0.0038	0.0010	0.0152
2009	0.0602	0.0404	0.0196	0.0045	0.0010	0.0141

资料来源：《中国统计年鉴》（1995—2009）。

由表3-4可以得出：

（1）从总体泰尔指数来看，1995—2003年泰尔指数显著提高，从1995年的0.0517提高到2003年的0.0628；在2003—2009年期间，总体上指数略微下降，降低到2009年的0.0602，从趋势上看，我国区域差距的幅度虽然逐步得到控制，但总体上仍然没有得到根本性扭转。

（2）区域间的差异构成了中国经济差距的主要部分，考虑了各区域之间的差异的总体差异，其中的影响程度超过64%。可以认为，在中国人均GDP的差异主要由东中西部三个地区经济之间的差异所导致。

从数据分析中可以看出：目前财政支出结构的失衡体现在地区之间、职能之间，区域增长系统在同一考察期间，仍然处于趋异的趋势中，现有财政支出体系未能从根本上扭转这一趋势。

第四节 区域差异的财政支出体系原因

根据前面对区域增长失衡和财政结构失衡状态所进行的描述性分析，本书认为我国现行财政支出体系在促进区域经济协调增长方面还存在不匹配性，主要表现在以下几个方面：

一 财政支出投向存在地域不均衡

首先，我国财政支出区域投向有利于经济发达的东部地区，而不利于欠发达的中西部地区。东部沿海地区不仅吸收了绝大多数外商投资，中央投向中部和西部的资金也通过不同渠道向东部流动。在由国家重点投资的基础设施建设领域，如解决交通、通信、电力、供水、住房等问题的财政支出，欠发达地区获得的支持明显落后于发达地区，不利于经济欠发达地区吸引本国和外国投资。中央对中西部地区的转移支付和开发性投资不到位，导致中西部地区投资硬环境没有从根本上得到改善。

其次，地区之间的财政支出对公共服务的投入差距悬殊。区域的公共服务和该地区的公共设施的财政投入，对于建设一个区域的良好的社会环境，取得较好的经济效益，具有十分重要的意义。在现代市场经济中，利用良好的公共服务水平和公共设施以吸引人才和资本流入，是促进区域经济增长的基本条件，公司和各种投资主体会根据各地的投资环境来使用"用脚投票"的机制，选择那些投资环境佳、基础设施条件好的区域进行投资。正是得益于政府的公共服务和公共设施支出，经济发达地区能够提供良好的公共基础设施，从而使企业、产业形成集群，地区经济得到了迅速增长，而欠发达地区没能实现经济的快速增长，在相当程度上正是由于地方财政匮乏，无法提供足够的公共服务和公共设施。

二 财政转移支付促进区域经济协调增长的力度不够

财政转移支付系统是分级财政系统的一个组成部分，该系统的设计，其目标就是实现不同区域的公共服务水平均等化，从而打破欠发达地区基础设施和公共服务供给差——无法吸引投资——经济增长停滞或缓慢的不良循环，促进欠发达地区的经济增长。目前，中国的财政转移支付制度包括结算补助、税收返还、体制补助、专项拨款、过渡期转移支付和其他形式，但是，在促进区域经济的协调增长方面的作用还未得到充分的体现。

首先，目前我国财政转移支付规模仍然很小，财政转移支付结构不十分合理，在我国的财政转移支付结构中，用于税收返还及补助的补贴额度较大，用于缩小地区差距的额度较小。我国目前的财政转移支付，采取的是"存量不动，增量调整"的原则，采取资金数额的"基数法"的计算财政转移支付的支出数额，由于欠发达地区的财政收入基数低于东部发达地区，故税收返还和体制补助也远远少于东部发达地区。这一方面影响了财政转移支付的公平性，也降低了财政转移支付的效率。这种财政转移支付的计算标准，不仅使地区间财政收入的差异不能得到妥善解决，还加剧了地区间公共服务供给的差异。无条件转移支付，应根据财政能力均等化的目标，那就是注重公平的分配。从目前的情况看，均等化的要求主要是为了保护公共收入水平较低的区域的基础性需要，如行政事业管理费，用于教育、医疗和社会保障的资金等，但即使按公共服务均等化要求的最低标准，我们目前的区域资金安排也难以适应无条件的拨款安排，目前以税收返还为主的转移支付体制实际上加剧了区域间财政能力的不平衡。

其次，除了以税收返还不均衡为主要特征的转移支付支出不均等，在其他方面的财政转移支付也体现出地域的不均衡。转移支付的形式多种多样，结算补助和专项补助则主要是按项目进行分配，其中也有一些旨在支持中西部贫困地区的发展，如支持欠发达地区发展专项补助、农业建设专项补助、少数民族地区专项补助等。但分配的结果，仍然是东部地区占据了较大份额。而且从中央到地方的专项补助拨款，使用不规范，具有很大的随意性，补助拨款项目范围的选择、不同专项补助拨款的分配办法以及对使用专项拨款的监管等，都急需进一步的加强。

总的来看，我国现阶段的财政转移支付政策存在不完善的一面，依然把侧重点放在东部沿海地区，滞后于20世纪90年代以来我国制定的区域经济协调增长的政策，还未能发挥应有的作用。在全面建设小康社会的背景下，应进一步完善财政转移政策，促使其在区域经济协调增长中发挥更大的作用。

三 分税制对区域经济协调增长存在负面影响

分税制财政体制是我国财政体制改革的一项重要成果，分税制的实施，满足了我国社会主义市场经济发展的需要。实践表明，分税制为社会主义市场经济的建设起到了积极的作用。然而，由于中西部的经济增长和财税来源结构与东部地区存在差异，以及分税制本身的不完善性，导致分税制对缩小地区差距起到了一定程度的负面影响。主要体现在以下几个方面：

首先，分税制财政体制中，中央与地方事权与财权不匹配，地方承担的事权多过拥有的财权，在很大程度上，增加了欠发达地区财政支出的负担。我国在实施分税制财政体制过程中，中央和地方政府之间的事权划分的原则是：外交、国防、国民经济重点领域建设、中央行政事业单位经费以及中央债务由中央负责，其他事项由地方负责。然而，我国一些中央与地方事权的划分目前还不清楚，这种事权的不明晰直接影响到中央与地方的分配关系的合理确定。同时事权过大、财权过小，也客观上给欠发达地区增加了多过发达地区的财税负担。

其次，分税制带来东中西部地区财政支出结构更趋不均衡。我国中西部地区不仅存在着地方财力薄弱的问题，而且财政支出结构也不尽合理，主要体现在：一是行政管理费用的比例一般都高于全国平均水平，"吃饭财政"问题突出。二是财政支出过多地用于经济建设，导致用于城市基本建设、城市设施维护、科教文卫、社会保障等公共服务的支出严重匮乏。而由此导致的中西部地区整体科研水平、基础教育、劳动力素质、公共服务资源等落后于东部地区的现状，是造成地区差距的主要原因。三是自1994年分税制改革后，中西部财力更加不足，财力分配存在明显的向城市倾斜的问题，县乡层级的财政收入相对减少，且税收极不稳定。但是，县级财政要承担包括卫生保健、基础教育等开支，由于财政困难，更难以保证在这些方面的基本投入，因此，在同一省份地区之间的发展不平衡问题也很严重。

四 财政支出资金使用不规范，体制不完善

首先，各级财政支出受财力所限，实施力度很弱，尤其是转移支付，支持欠发达地区经济增长和公共服务均等化的能力非常有限。而这种转移支付制度仍然缺乏必要的法律依据，资金管理不规范，执行过程主观随意性很大，导致转移支付在协调区域经济增长中的作用没有充分发挥出来。和转移支付的状况类似的还有结算补助和专项拨款，没有分配的规范性依据，随意性很大，造成资金分配中东部沿海地区实际得到的多，不仅没有解决均等化的公共服务能力的问题，反而进一步扩大了区域之间的差距。

其次，我国财政专项拨款涵盖范围太宽，资金使用低效率。

借鉴世界上其他国家实施分税制的情况，财政专项补助（有条件拨款）的范围通常被限定为具有明显的正外部性，需要按多级政府的不同责任，共同分摊其成本的项目，大多是基础性和公益性项目。并且，国外财政专项补助一般都有相关的城市规划、相关基础建设法律法规或某公益性事业法律法规作为资金使用的依据，相比之下，我国财政专项资金在各地区、各政府层级、各产业的分配都缺乏严格的制度约束，不可避免地导致了大量资金的分散使用，资金利用效率极其低下。

第五节 本章小结

本章从财政支出规模、地方财政支出结构等方面对我国财政支出的区域差异性特征进行了描述，结果表明我国区域财政支出规模差异显著，而且各区域内部的财政支出结构也迥异。同时，采用泰尔指数对我国区域失衡和区域差异进行了现状分析，发现总体上我国区域差距仍然较大，且主要取决于三大区域经济发展的不平衡。同时，三大地区的组内差距变化不一。从数据分析中可以看出：目前财政支出结构的失衡体现在地区之间、职能之间，区域增长系在同一考察期间，仍然处于趋异的趋势中，现有财政支出体系未能从根本上扭转这一趋势。并就财政支出四个方面的原因导致无法缩小地区差距进行了分析，后文将在此基础上，对财政支出结构失衡和区域经济增长收敛进行进一步的分析。

第四章　新形势下财政政策取向分析

自 21 世纪初开始，我国的投资率持续上升，消费率继续下降。金融危机后国内产能过剩的问题日益严重。为了促进未来的增长模式实现战略性转变，由投资主导型经济增长转向消费主导型增长，需要采取切实举措降低投资率，提高消费率。这其中，区域差距扩大导致的收入分配差距问题，也对我国经济增长方式由投资拉动型向消费拉动型转变起到了阻碍作用，幅员广阔的中西部地区及贫困落后地区的消费能力制约了国家整体消费水平的提高。改革开放以来，东部地区在制度创新和对外开放等诸多方面都处于优先发展地位，经济增长速度一直较快，构成了较完备的市场经济体系，而中西部地区无论是发展模式还是发展速度都与东部地区产生了较大差距，两个区域间的经济联系越来越困难，已形成了新的二元经济结构，阻碍了更多居民消费能力的提高。

由美国次贷危机引起的全球性金融危机给世界各国的经济体系造成了一系列的影响，而其对中国经济的影响更加直接且深远。金融危机对于我们进一步认识政府和市场的职能与作用，有着更深刻的启示。处理好公平与效率的关系、政府与市场的关系，财政支出政策在国际国内新形势下的政策取向才能确立。

第一节　财政政策取向一——政府主导调节区域协调增长

目前的世界经济形势虽然已走出 2008 年金融危机的最低谷，但仍然受到外部环境复苏乏力等不确定风险的影响，经济仍处于波动之中，为抗衡外围风险因素的影响，激活国内经济的消费和投资动力，区域经济增长协调性显得尤其重要，经济增长方式的结构性转型日益迫切。然而，在区域协调增长和结构性升级过程中，所依赖的主要动力是市场还是政府，二者在协调增长中的作用与相互关系如何，本节拟从2008年金融危机产生的政府和市场原因，及区域协调理论中关于政府和市场的论证中尝试回答这一问题。

一 金融风暴爆发的原因

此次由美国次贷危机引发的金融危机爆发的原因是什么，可以通过对政府与市场二者进行分析得出。

1. 多方因素造就次级抵押贷款市场

随着2007年美国第二大次级抵押贷款公司新世纪金融公司宣布破产，美国次贷危机正式爆发。次级抵押贷款危机来源是宽松的货币政策。新经济泡沫的破灭和"9·11"事件促使美联储采取刺激经济增长的扩张性货币政策，以避免经济的衰退，采取的措施是大幅降息，刺激投资和消费。在2000年之后的五年时间里，美联储连续将联邦基金利率从6.5%下降到1%，低利率造就了次级抵押贷款市场的形成，信用较低、受教育程度较低、金融知识匮乏的用户在普通贷款市场上无法拿到优惠贷款，转而寻求次级抵押贷款市场。而住房贷款无须担保，无须首付，且房价飙升，房地产市场活跃度高，造就了格林斯潘时代的后期经济繁荣。由于受到次级抵押贷款市场的低利率、高回报和门槛低等利好的刺激，一般消费者进入这一市场的同时，大量投资者也进入这一市场，导致风险逐步积累，涉及面日益扩大，近500万个美国家庭涉及次级抵押贷款，次级贷款规模也达到创纪录的1.3万亿美元。

2. 次贷危机的政府原因

市场本身由于信息不对称、外部性等原因，具有市场失灵的可能性，也是自身无法克服的缺陷，而市场的运行秩序因为以上原因受到破坏之后，将往往产生大规模的破坏效果。尤其是再配以不合理的货币政策或财政政策，将放大其破坏效应。对此，政府在其中起到监管不力的推波助澜的作用。监管不力背后的理论根源是市场放任主义，以为市场能自己解决所有的问题，但忽略了市场秩序的漏洞和潜在的风险，盲目放任市场创新，产生大量金融杠杆，金融监管失据。运行机制导致危机，监管不力体现在对金融货币体系监管不力和对信用体系、诚信责任监管不力等不同方面，监管不力是政策"缺位"的表现。国家应该维持一国金融秩序平衡和市场秩序稳定，应当在弥补市场失灵方面有所作为。

二 金融危机启示政府与市场的作用

金融危机中的市场失灵和政策失效告诉我们,市场不是完全独立的系统,它无法克服内在的固有缺陷,无法自行恢复,无法避免盲目性,如经济负外部性、收入的地域分布不均匀等问题。市场需要国家的监管和有效的干预,但政府干预有可能存在失灵。政府从本质上也可以被看作是经济人,习惯了管理,不一定能更好地了解市场,可能会作出错误的决定,也可能导致行政性垄断和"寻租"。当政府与市场的利益发生冲突时,就很难保证政府的决定在市场层面上来看是好的,需要限制国家宏观调控行为和规范,宏观调控应该是一个有限调节。查尔斯·沃尔夫在《市场或政府:权衡两种不完善的选择》① 中指出:"选择在市场和政府的取舍是复杂的,因为它不是一个纯粹的非此即彼的选择,而是选择一个程度,往往会选择不同级别的在各种之间的两个。"确实,这种不同组合方式的选择和资源分配是不确定的,一旦选择不当可能会导致无法挽回的损失。美国次级抵押贷款市场危机是过度自由的最好的例子。在涉及规制、公平、监管、外部性、信息不对称等市场无法解决的领域,政府应审慎并科学地制定调控政策,来引导市场走向均衡、可持续的作用路径上去。

三 政府和市场的区域协调作用理论

地区差距是一个国际性难题。任何幅员辽阔的大国,都存在经济发展、社会进步、综合实力水平等方方面面的地区之间的差距。如何缩小差距?自区域经济学诞生以来,便一直存在政府干预和市场自发调节的争论,并逐步形成了基于这两种思想的两个理论,定义了区域协调机制的两个方面。

1. 市场自发协调论及评论

市场自发协调理论(Williamson, 1965)提出,由自发的市场力量自动拉平地区差距,实现区域协调增长,反对政府进行干预。其前提是来自新古典经济学的三个基本假设:第一是完全竞争市场;第二是对生产要素的充分利用;第三是资本和劳动力等要素可以自由流动。该理论认为,供求关系的变化与递减的资本边际回报将使发达地区的资金流向落后地区,而劳动力将从欠发达地区流入发达地区。资本和劳动力因素导致的逆向流

---

① [美]查尔斯·沃尔夫:《市场或政府:权衡两种不完善的选择》,中国发展出版社1994年版。

动，使发达地区的投资人的收入增加，并带来对欠发达地区投资的增加。

这样一来，欠发达地区将享受到迅速的资本积累和高速的经济增长。在另一方面，欠发达地区的劳动收入在发达地区得以实现和提高，将增大欠发达地区的消费，从而增加其市场总需求，进一步推动了欠发达地区投资的增长。因此，欠发达地区由于有这些后发增长因素，将会自发地以更快的速度比发达地区实现增长，从而最终缩小并消除与发达地区的区域差距，而无须政府进行干预。

市场自发协调论认为地区差异的协调与经济发展阶段有关，也与完善的市场体系和相关制度有关，并归纳出了影响区域差距变动的四个因素，这些认识是有益的。然而，该理论的建立所依赖的新古典经济学三大假设在现实经济运行中是难以完全成立的。首先，现实的经济运行市场大多不是完全竞争市场；其次，生产要素由于市场或制度的不完善，通常不能得到充分利用；最后，由于信息不对称、劳动力成本、风险等因素的制约，资本和劳动力不能实现自由流动。如果还要考虑到技术进步的作用，则市场自发地走向区域协调更是难以实现。因为，技术创新和技术扩散的空间是不均匀的，技术创新通常在少数"核心区"发生。究其原因，是这些地区的经济实力，能承受较高的技术开发费用，优越的物质文化水平、生活水平和工作条件，聚集了一大批企业家和科技人员，由于存在马太效应，该地区进入聚集度高、人员流动性强、信息充分的良性循环，创新的发生概率也大幅提高。技术在空间的扩散也参差不齐，在区域基础设施、产业结构、公共服务更优越的地区，往往更快速地获得技术扩散。因此，欠发达的市场自我调节，难以享受规模效益和技术进步，这种恶性循环只能通过政府的协调来解决。

2. 政府协调论及评论

政府协调论认为，政府需要在市场协调的基础上对区域发展进行干预。它强调单靠自发的市场力量不能减少地区之间的差距，必须通过有效的政府手段，实现区域协调发展。这一理论的代表人物是瑞典著名经济学家冈纳·缪尔达尔（1957），他认为市场力量一般会扩大区域差异而不是缩小。该理论主张对发展中国家实行"非均衡发展战略"，在经济发展的早期阶段，政府应引导社会投资，集中力量发展高投资效率地区，在这之后，利用"扩散效应"带动其他区域的共同发展。同时，为防止"循环累积效应"所带来的差距扩大的负面影响，需要采取必要的政策，以刺激欠发达地区的发展，避免地区差距的进一步扩大。

政府协调区域差距论的积极意义在于：第一，它强调了区域的初始条件之间的差异，由此会带来区域经济增长差距的形成，造成地区之间经济差距的扩大。第二，它指出市场协调区域差距论的缺陷，并且相信在一个自由竞争的市场条件下，缩小地区差距不是一个自动的过程，而是累积因果的局面，这接近我国实际的判断。第三，强调需要政府干预来抑制区域差距。并为各国政府进行干预提供理论依据。但是，该理论也有一些明显的缺点。它将累积因果作为一项规律，误认为是共同的普遍的存在。事实上，在不同的国家，区域差距的形成、扩大和缩小，其发展变化过程是不一样的，其原因是多方面的。在发达地区的经济增长并不总是比欠发达地区更快，欠发达地区也有崛起和发达的阶段，这表明除了累积因果关系的因素，还有其他一些影响区域差异变化的因素。

四 区域协调增长对政府引导及公共财政支出体系完善的需求分析

综上所述，区域经济协调增长虽然需要市场的自发调节作用，但是仅靠市场的作用，则会是一个长期的经济发展过程，虽然有望改善，但如果区域差距持续扩大或缩小过慢，将导致其他非经济因素起到主导作用，发生区域冲突，甚至导致战争的发生或国家分裂，如果不把地区差距控制在适度的范围，任其发展，后果将十分危险。我国地区差距的初始因素是政府的区域政策诱导分化，由自组织的市场行为所放大和加强的，市场本身并不能完全解决问题，鼓励和刺激更多的市场力量参与的同时，在区域协调的过程中，政府应发挥主导作用。

财政支出政策一直是各国政府在经济增长中发挥作用的重要手段，它不仅可以对经济繁荣和经济波动进行调节和"平滑"，同时也改善了经济发展的空间结构，对区域经济增长的协调是非常重要的。区域经济协调增长的财政开支影响体现在：根据政府在一段时间内的经济发展目标，运用财政支出政策来引导要素在区域间进行结构性的流动，相应影响不同地区的资源利用状况；在尊重市场机制的前提下，政府运用财政支出政策对成本和企业的营收状况产生直接影响，从而影响到企业的竞争力，缩小区域经济差异；财政支出政策作为消费、投资、就业信号，影响经济决策主体的行为，并最终引导产品市场、要素市场、资源市场重新调整，以弥补自发形成的市场机制的不合理之处。因此，要使用对区域经济干预的财政支出政策，政府并不是要取代市场机制，而是重点在市场无法作用于区域经济协调增长的市场失灵方面进行引导和调控，以改善经济区域空间结构，对区域差距进行协调。

第二节 财政政策取向二——调结构与建机制并行

一 现行针对区域协调增长的财政支出政策梳理

1. 中国区域协调政策在五个五年计划中的表述

我国区域协调战略已成为国家战略。自20世纪90年代区域协调思想萌芽以来，在许多中央文件中区域协调发展问题多次出现，并一直作为国家区域宏观经济管理政策在全国范围内实施多年，不断增长的对该问题的认识在多个"五年计（规）划"中，在国家层面进行深化的战略方向可以清楚地看到。

不同"五年计（规）划"对该问题的认识和实践经历了孕育期、形成期、发展期、相对成熟期，每个阶段要求和特征如下：

孕育期（"八五"计划）：该时期仅将区域协调作为区域经济发展的一个方向，但在这一时期将理顺区域协调的区域之间的关系的管理，首先明确为逻辑起点。

形成期（"九五"计划）：这一时期的宏观区域管理政策在区域协调问题上产生了更丰富的理解，强调缩小地区差距在于加强区域间的经济联系。

发展期（"十五"计划）：该时期首次提出了"西部大开发"的国家战略，在区域协调的战略目标中首次引入市场经济条件及机制，形成加强经济联系，实施西部大开发战略以缩小区际差异的具体思路。

相对成熟期（"十一五"、"十二五"规划）：直至"十一五、十二五"规划时期，区域协调已经成为明确的区域发展总体战略，形成了清晰的演进轨迹，并提出了均等化基本公共服务战略，形成四大区域发展的协调并进的总体布局。继续强调深化区域合作，形成区域间互动发展的良性循环，有效缩小区域发展差距，与前述计划规划一脉相承。

纵观以上演进历程，我国区域协调发展在实践操作层面和具体对策上逐渐形成了清晰的思路，在全国范围内形成了共识，对区域协调的重视程度日益加深。

2. 中央对欠发达地区具体财政支出扶持政策

根据以上历年中央政策精神，中央政府加大了对我国中、西部地区的改革开放支持力度，把原先在东部地区实行的对外开放政策及措施扩展至中西部地区，在财政政策上，加大了对中西部地区的财政支持，并逐步在制度上形成了规范的财政转移支付体系。在2000年我国开始实行"西部大开发"政策，2000—2002年三年间，中央政府在西部地区投资6000多亿元，兴建大量基础设施，以此拉动西部地区的经济发展。在2003年，中央提出"振兴东北老工业基地"的区域振兴规划。2004年随即提出"中部崛起"计划。但是，总体而言，我国三大地带之间经济增长差距仍然呈现不断扩大的趋势，根据本书计算，反映区域差距程度的泰尔指数从1995年的0.0517上升到2009年的0.0602。具体而言，我国的"西部大开发"、"振兴东北老工业基地"、"中部崛起"的财政政策如下：

（1）西部大开发财政支出政策。第一，努力提高西部地区的财政转移支付政策。加大中央财政的区域财政平衡转移支付向西部倾斜，逐步缩小西部地区财政收支缺口。在专项转移支付如教育、医疗卫生、人力资源、社会保障、环境保护、新能源、扶贫开发等方面，通过多种渠道筹集资金，重点向西部地区倾斜。第二，增加西部地区建设资金。中央基建投资中提高投资西部地区的比重，提高基础设施建设、公路、铁路、民航、水利等注资比率和投资补贴。加大中央财政对国家级经济技术开发区、西部边境经济合作区基础设施项目贷款贴息，支持高新技术产业开发区。大力推动国际金融组织贷款及国外政府赠款、贷款向西部地区倾斜。充分体现对西部地区专项资金的支持，制定针对西部地区的行业发展规划和财政支出政策。第三，建立和完善西部偏远地区艰苦条件津贴制度，调整西部艰苦地区津贴补贴标准，增加西部边远地区的转移支付补贴，提高西部行政单位工作人员工资水平。第四，加大对西部地区"三农"的支持。加大对现代农业建设和改善，对农业实施补贴政策，在西部地区安排力度更大的专项支农资金。加大对西部地区山洪灾害防治工程补助力度，并对甘肃、云南、青海、四川、西藏及新疆生产建设兵团全额补助。推动西部地区的产业发展优势特色，促进西部地区农业科技发展和农业结构调整，不断巩固和加强西部农业综合生产能力。第五，完善西部地区教育经费保障机制，中央新增财政收入向西部地区农村教育发展倾斜，中央财政专项资金继续向西部地区中小学校建设增加投入。支持高等教育在西部地区的发展。第六，加大对西部科技项目的支持，由相关国家科技项目，积极支持西部地区技术和科学的工作。由国家承担的当地的文化设施、广播电视等建设投资补助向西部地区倾斜。加快建立电信普遍服务和邮政普遍服务，支持西部电信和邮政服务的地区普及。第七，加大力度改善西部地区生态环境。退耕还林得以巩固和改善，提高天然林的保护，完善退牧还草的财政政策，国家批准的上述项目，由中央财政主要承担实施支出及补助。对上述工程的实施，因而受到影响的地方财政收入，由中央财政支出进行适当补贴。逐步提高国家对西部地区生态效益补偿标准，大力推动草原生态补偿。加大国家对西部重点生态功能区的转移支付。

（2）振兴东北地区老工业基地财政政策。一是一些国有企业形成的、实在难以恢复的历史拖欠税款，按照相应的要求和条件，经国务院审批后准予豁免。资源开采衰竭的矿山企业，及低丰度油田的开采，允许在考虑地方财政承受能力的条件下，适用较低的资源税税额标准。二是对东北地区老工业基地的教育、农业、卫生、社会科学和技术、环保、安全、文化等领域加大专项财政资金支持，减少老工业基地对资源性产业的依赖，支持其城市转型。三是鼓励外国投资者以并购等形式参股国有企业股权。四是与优势产业的外商投资指导目录符合的进入东北地区的外商投资项目，可享受税收优惠政策鼓励。

（3）中部崛起财政支出政策。一是积极支持"三农"在中部地区的发展。加强和完善农业补贴政策，支持农村商业流通和消费在中部地区的改善。中央财政加大力度对中部地区产粮大户进行奖励。积极支持小型农田水利在中部地区的建设，加强病险水库除险加固工程，加强中部地区中小河流的建设和治理等。安排农业科技创新基金支持中部地区发展现代农业，增加中部地区农民合作组织拨款、增拨农业技术推广补贴款。加大对中部地区农村基层农业技术人才、农民科技带头人才和农业基层从业人员的实用技术培训。全面推进生态农业在中部地区的发展，积极开展林业生态建设和中部地区水土保持，加大对生态保护在中部地区的重要区域的支撑。二是推动教育在中部地区的发展。完善中央对中部地区义务教育保障机制，促进区域间及区域内义务教育均衡发展。实施中部地区农村义务教育教师特设岗位规划和中部地区教师国家级培训计划，提高农村教师的教学和工资水平。安排财政资源在农村地区、薄弱学校的校舍改进计划，推广中小学校舍安全改善项目,消除安全隐患。进一步完善国家助学政策体系在中部地区的执行,以确保中部地区家庭经济困难学生能够顺利走入社会。加强建设中部地区职业教育体系。在中部地区义务教育学校、基层公共医疗卫生单位实施绩效工资。三是加大对中部地区贫困地区的财政投入。增加中央财政扶贫开发支出,重点在连片特困地区推进扶贫攻坚,在建设项目规划、金融信贷、卫生、教育等方面比照西部大开发政策执行。对于严重的水土流失、干旱、有特殊困难的洪泛(滞)区加大补贴力度。四是增强对中部地区的社会保障力度。落实社会保险补贴、就业补贴、职业培训补贴、职业技能鉴定补贴、其他公共服务岗位补贴政策,加大就业专项资金投入。深化新型农村基本养老保险、社会养老保险等社会保险制度改革,加快中部地区城乡医疗保障体系建设,扩大体系覆盖面。加强中医药服务能力建设和食品药品监管,支持实施重大公共卫生服务项目和基本公共卫生服务项目。提高城市和农村地区低保标准,及时发放重大自然灾害救灾资金,增加生活津贴享受团体,确保优抚对象和困难群众的基本生活水平。促进中部地区保障性安居工程建设,确保农村危房区改造的组织和实施,扩大试点。五是中央财政支出增加对中部地区县乡的财政困难转移支付,提高县乡政府提供公共服务的能力。六是促进中部地区生态环境保护和基础设施建设。支持中部地区综合利用资源工程,加大对基本农田保护项目建设的支持,加大支持耕地土地整理和开发项目,支持主要污染物减排及节能减排,支持可再生能源开发利用、重金属污染防治、自然保护区建设以及支持建设环境监察执法能力响应机制,对中部地区矿产资源进行勘探和保护,提高矿产资源等综合利用,加强采矿区环境治理,开展地质遗迹保护和地质灾害防治。促进邮政和运输服务在中部地区的发展。七是联合优势企业,对其予以财政政策支持,加大财政支持重点企业的技术改造,通过科研、工程设计、设备采购和税收优惠政策等措施,支持重大产业技术进步。继续促进中小企业发展,通过设立中小企业发展基金、地方特色产业基金等方式和渠道,支持中小企业在中部地区的成长,以促进中部地区产业转型升级。八是培育发展中部地区绿色循环经济和接续产业,支持中部地区加快转变经济增长方式,研究建立衰退产业财政援助机制。

二 区域协调对财政支出的结构制度改善的需求分析

1. 在区域协调增长中财政支出结构调整作用尚需得到更多重视

系统的结构指系统内部各要素的排列组合方式。系统的整体功能是由各要素的组合方式决定的。要素是构成系统的基础，但一个系统的属性并不只由要素决定，它还依赖于系统的结构。当前区域协调在财政结构调整上的缺位是导致区域差距未能缩小的导向性原因。自改革开放以来，随着经济转型，中国的区域政策在不断改进调整地区差距。自改革开放以来，伴随着经济体制的转轨，中国的缩小区域差距的区域政策在调整中不断完善。然而，目前中国还没有一个统一的区域政策，相关职能分散在国家发展和改革委员会、住房和城乡建设部等部门。无法避免令出多门的散乱现象，财政部门中没有直接的关于区域协调的职能安排。这导致了财政支出结构出现了天然的失衡，表现在地域方面、部门之间、层级之间，而现有的对区域协调服务的公共支出，也是政出多门，缺乏协调，"一对一"区域性优惠政策的议价，在发挥支持特定区域发展作用的同时，也容易造成对国家区域政策体系的诸多负面影响。由此可见，财政支出结构中关于区域协调的职能没能得到明确的划分和规划，区域协调中财政支出结构调整这一导向尚不明晰，政府行为和市场行为的界限与分工尚未得到解决，这些因素导致了财政支出结构的完善优化与区域协调增长未能建立起很好的关联，亟待建立以区域协调为目标的财政支出结构调整。

2. 急需建立财政分权导向机制

自1994年实施分税制改革以来，我国实现了在财政分权体制框架上的与国际接轨，财政体制进入稳健运行的轨道和结构。但另一方面，由于这一分税制改革的前提仍然保有原来承包制的基数递增原则，实际上还是与原有承包制的结合体制或者说现有分税制只是对原有承包制的一种渐进式改良。其方法是通过"存量不动，增量调整"的渐进式改革，逐步增加中央财政对增量的控制，用增量部分进行地区间财力转移，以实现地区间公共服务水平均等化的财政转移支付制度。这一建立在1994年的前一年财政基数上的"增量分税"的分税制改革推行以来，中国地区差距仍然呈现扩大趋势。尽管区际差距的扩大不是实施分税制的结果，但分税制改革后的财政分权体制，并没有带来如其他分税制国家促进区域经济协调增长的结果，也是不争的事实。

财政支出政策的缺陷与区域经济增长不平衡同时存在，表明在区域协调中，财政支出职能没能最大限度地发挥，其根本原因在于存在制度障碍。其直接体现为中央与地方在区域协调问题上的责权利关系不明晰、中央政府尚无有效机制处理转移支付中隐性信息问题、地方政府间信息不对称使区域间政策缺少协调机制、财政支出区域性框架还未整体形成。在以上四个视角中，缺乏明确的财政制度调整的导向，财政制度的建立尚未考虑区域协调增长目标是造成目前重大缺失的深层次原因。因此，改革现有分税制机制，使之更好地适应区域经济协调增长目标，建立运行良好的财政支出制度，是区域协调增长对财政分权体制改革所提出的紧迫的要求。

第三节 本章小结

本章在分析政府引导和市场调节相结合的价值取向时，从金融风暴爆发的原因入手，引出仅靠市场调节区域差距的缺陷，在此基础上，分析区域发展中的市场自发协调论和政府协调论的主要代表人物及观点，总结了区域协调中政府和市场的作用理论，从理论上分析了财政政策应对区域协调起主导调节作用，并对政府引导机制下区域协调增长对公共财政支出体系完善的需求进行分析。同时，本章梳理了我国区域协调政策从"八五"计划时期到"十二五"规划时期的演变，以及中央关于"西部大开发"、"振兴东北老工业基地"和"中部崛起"等区域政策形势，并指出目前区域协调政策中缺乏财政支出结构和制度调整作为导向和依据的现实，论述了区域协调增长对财政支出结构和制度完善的需求分析。

第五章　财政支出结构与区域协调增长理论界定

前文文献综述中提到，财政支出体系包括结构和制度两个方面的含义，本书将分别从这两个方面阐述其对区域协调增长的作用，本章在梳理财政支出结构及区域协调增长这两个关键概念的现有界定的基础上，提出关于财政支出结构、区域协调增长及双目标选择的理论界定，为后文研究提供概念基础。

第一节　现有财政支出结构相关概念及本书界定

一　财政支出的概念回顾

财政支出，也称为政府支出，是所有政府开支的成本，以履行其职能的总和。直接反映了政府的政策选择，但也代表了政府提供公共消费的商品和服务所引起的耗费总和。[1] 支出是指政府为履行其职能，以获取支付所需的各种活动，所支付的财务资源，就其本质而言，公共支出反映了政府的政策选择，是政府职能的成本行动。[2] 财政支出又称预算支出，这是基于国家为主体的财政权力分配资金的财政基础活动，它反映了国家职能的范围。它的目的是实现各种国家职能，支付资金给国家主管部门和财政部门，由政府财政方面按照活动的预算计划进行使用，通常是在一个财政年度内计算。[3]

---

[1] 陈共：《财政学》，中国人民大学出版社2004年版。
[2] 丛树海：《财政支出学》，中国人民大学出版社2002年版。
[3] 苏明：《财政支出结构优化理论与制度保证》（上），《现代财经》2003年第4期。

二 财政支出结构的概念回顾

财政支出结构是在一定的经济体制和金融体制下,财政资金管理部门将资金用于经济和社会的各方面的数量及它们的关系的比例,这是按照不同的要求和分类标准划分的财政支出结构、类别及构成。① 财政支出结构,一些观点认为是国家资金的使用用途、使用方向、使用比例等相互关系和结构(财政部);② 另一些观点认为,是各类财政支出在总财政支出的比重及各类支出的各种组合。这两种观点都显示出,财政支出结构是一种比例或构成。即"不同财政支出的组合状态及其数量配比的总称"(何振一、阎坤,2000)。③ 从以上定义可以看出,财政支出结构的定义普遍被认为反映了国家的职能和政府的政策。

三 本书对财政支出结构的界定

1. 财政支出结构应包含的内涵

(1)财政支出结构是与政府职能相适应的体系。如上所述,我们认为,财政支出结构是政府政策及职能的延伸,政府职能的导向直接决定财政支出的结构,财政支出结构反过来反映政府职能。因此,财政支出和政府职能相互关联,不是孤立的事件。政府通过财政支出实现对经济社会的调控和管理,引导资源的优化配置。财政支出结构的稳定是相对的,波动是绝对的,根据不同时期的政府职能的变化而产生变化,不存在通用的或普适性的财政支出结构。需要我们从动态的角度来分析政府职能和财政支出结构的变化,寻求一种相对合理的财政支出结构来适应政府职能的变化。

(2)财政支出结构应适应经济社会发展需求和国家发展战略目标。目前,社会经济由于区域差距过大、贫富差距过大,已经直接威胁到社会的稳定和经济增长,各国财政支出政策,包括宏观调控政策越来越向民生导向、和谐导向、公平导向等职能方向倾斜,在这些新形势所决定的新导向要求下,财政支出政策应当是所有宏观政策中的重点,应率先适应形势的需要,以缩小区域差距、缩小贫富差距为目标,尽力完善财政支出结构,设计适应和谐发展需要的财政支出结构和优化机制,履行财政政策区域宏观调控职能。

---

① 匡小平、肖建华:《财政学》,清华大学出版社、北京交通大学出版社2008年版。
② 财政部网站"名词解释"专栏。
③ 何振一、阎坤:《中国财政支出结构改革》,社会科学文献出版社2000年版。

2. 基于上述分析的财政支出结构定义

基于以上分析，本书将财政支出结构界定为：政府为了适应社会经济需求的发展而履行其职能，实现财政资源的各项用途与社会共同需求结构之间的动态、综合的匹配体系，表现在：围绕宏观适度支出的职能规模的优化与社会经济需求匹配的二者统一。

四 基于区域协调中财政支出职能的财政支出结构划分

根据前述概念回顾及本书观点，财政支出结构必须匹配财政支出职能，在区域协调中，财政支出有其特殊的职能，本节分析财政支出在区域协调中的职能，并根据这些职能划分本书将进行分析的财政支出结构。

1. 财政支出职能学者观点

财政支出是政府实现自己职能的宏观政策工具，其原则和职能在很大程度上体现政府的管理意图和政策目标，也体现政府宏观协调和均衡发展的目标取向。对于公共财政支出应该扮演的角色和职能，长期以来有着各种争鸣。从政府对经济发展的作用程度来看，可以分为不作为型、有限作为型、积极作为型和完全作为型。不作为型政府职能属于其中一个极端状态，政府的职能是守夜的警察，只负责维持市场安全与秩序，鼓励自由竞争，并完全交由市场来配置资源，奉行古典经济学派的观点；有限作为型和积极作为型的财政支出职能主要遵循凯恩斯主义学派的思想，主张政府应当通过宏观政策调控的方式适当干预经济，以弥补市场失灵，区别仅在于干预程度不同；最后是完全干预型政府，这是财政支出职能中的另一种极端情况，在这种模式下，国家对经济的干预是完全极端的形式，也就是政府确定所有资源的分配，我们可以把这种职能的政府理解为计划经济政府。以下是国内外学者对于财政职能的看法。

（1）国外财政职能学者的观点。亚当·斯密并没有具体表明财政职能，但在某些方面，他关于国家的义务的论述，显示了他的财政职能理论的想法。约翰·穆勒将财政职能划分为"基本职能"、"可选职能"，其中政府的基本职能应包括有义务使公民免受暴力和欺诈的侵害，还应当包括街道的建设、铺设道路、维护设施等；可选职能应包括提供社会援助和免费公共教育，保护国内产业，促进法制建设等。巴斯塔布尔指出，财政职能应与社会和经济的发展一起发展，他将财政支出进行了具体划分，包括了"经济资金"和"非经济资金"。经济资金指的是以获取收入为目的的财政资金支出，而非经济类资金则没有这个职能。这些学者都没有明确提出财政职能的具体内容，财政职能可以视为在他们对国家职能的认识中体现出来。

Richard A. Musgrave 和 Peggy B. Musgrave 明确提出了财政的主要职能，认为应包括配置职能、稳定职能、分配职能。配置职能是私人物品和公共物品之间的资源分配的功能，那就是私人物品和公共物品划分总资源的比例及在公共产品内部的配置过程和组成结构；分配功能是财富和收入的再分配，以符合社会公平分配状态；稳定职能是利用预算收入和支出政策保持国内高就业率、稳定的物价水平、适当的经济增长，以及国际收支平衡的宏观经济目标。当然，他们也承认不同财政政策的职能之间发生冲突的可能性，为此需要高度的综合统筹协调能力。

（2）国内财政职能学者的观点。在我国国内，学者们对于财政职能也有阶段性变化，鉴于改革开放之前的计划经济体制，当时的财政职能理论着重强调分配，改革开放后观点逐渐多元化，财政政策的职能核心变为多个方面，比较典型的观点如下。

陈共将财政职能按其对经济的功能性分为收入分配、资源配置、经济稳定和发展的职能。叶振鹏认为财政职能是调节职能、再分配职能和监督职能，通过改变社会群体和相关成员在国民经济中相对收入比例，以达到调节国民收入水平，调整国民经济结构的影响。项怀诚认为财政职能应该是稳定的、公平的、配置的职能。谢旭人认为财政职能应包括公共保障职能、收入分配职能、国有资产管理职能和经济管理职能。苏明认为财政职能应包括经济的、政治的和公共的职能。以上都是从宏观层面对财政职能进行了定义。

2. 本书认为的财政支出在协调区域经济增长中的职能

在市场经济条件下，本书根据传统的西方财政经典教材和上述国内研究学者的观点提出，区域协调正是财政支出职能在公平、有效原则下的重要体现，是我国财政支出政策的重要职能和目标，并进一步认为，我国财政支出在区域协调方面应具备的职能应当有四方面职能：区域资源配置职能、区域收入再分配职能、区域稳定和发展经济职能、区域分权职能。

区域收入再分配职能。财政支出的收入再分配职能已经得到国内外学术界的公认，其在区域协调当中的收入再分配职能也是其传统再分配职能的延续和重要体现。

区域资源配置职能。是指财政支出在区域协调方面应着重弥补市场失灵,遵循产业发展规律,调动不同地区不同产业结构的升级和发展,变外生拉动因素为内生增长因素,最终使得落后地区依靠市场自身机制走上追赶和协调增长的道路,提升地区生产效率,促进区域协调。

区域稳定和发展经济职能。财政支出的公共职能支出在区域稳定和发展经济的方面起到了重要作用,包括科教文卫、社会保障、国防支出等方面的支出能够体现国家及当地政府的宏观调控意图,也为稳定和促进落后地区经济发展提供了重要支撑,有助于缩小地区差距。

区域分权职能。指的是财政支出在中央和地方之间由于责任和权利不同,需要相互匹配,才能充分调动各方积极性,促进区域协调增长的职能。

3. 按以上财政支出的区域协调职能将财政支出结构分为以下几类结构:

(1) 按财政支出的区域收入再分配职能,分为财政支出的省区结构。财政支出在省区间的结构反映了财政支出的区域收入再分配职能,是地区间财政结构的重要衡量视角。韩远迎(2007)通过实证研究指出,由于省区财政支出变量作为省区经济收敛的控制变量加入,实证显示其确实在一定程度上影响到了中国省域层面的经济协调增长。财政支出省际分布能够影响到经济体的收敛速度,从而影响到省区最终经济增长差距。同时,该研究也指出,从东中西部"俱乐部收敛"特征的检验看,财政支出也对区域内差距的缩小起到促进作用。但是,结果也显示,在三大区域内部差距缩小的同时,三大区域之间的差距反而在扩大。在后文,笔者拟引入空间计量的分析方法,考虑到财政支出的空间外溢性,同时,将各省区财政支出指标扩大到各省公共财政占 GDP 比重、公共财政支出增长率、人均财政支出、财政支出贡献率等指标,从不同指标的省区结构失衡与否来分析对我国省区间经济协调增长的影响。

(2) 按财政支出在区域资源配置职能中的直接性间接性,分为生产性支出和非生产性支出。财政支出生产性支出在区域资源配置职能中起直接作用,非生产性财政支出起间接资源配置作用。李后建(2011)认为,"中国政绩考核体制严重扭曲了地方政府财政支出的偏好,造成公共财政支出结构失衡"。该失衡反映在地方政府长期以来由于"晋升锦标赛"体制,重视能够拉动 GDP 方面见效快的基础设施建设、城市建设,形成大量公共资本存量。相应地,明显忽视对科教文卫方面的投资,对地区增长的软环境建设认识和行动都不到位。那么，我们将前者称为财政支出中的生产性支出，后者称为非生产性支出。从区域协调增长的职能和作用来说，生产性财政支出直接作用于经济增长，并且具备乘数效应，非生产性财政支出间接作用于经济增长，其在当代经济社会的重要性日益凸显，谁在地区间及地区内的区域增长收敛中起到了更大的作用，或是不同的作用，笔者将在后文分别对这两类支出是否失衡对区域间区域内的经济收敛进行实证检验及分析。

（3）按财政支出的区域稳定和发展经济职能，分为中央和地方结构。中央和地方在区域稳定和发展经济职能当中理应有不同作用。韩远迎（2007）在研究中，也采用了中央视角和地方视角的财政支出结构，分别分析了对区域经济增长的作用。在他的研究中，将中央财政支出和地方财政支出细分为劳均资本存量、基本建设支出、国防费、行政管理费、社会文教费、科技研究支出、农业支出、社会保障费，在三大区域间和区域内，财政支出结构都对区域增长构成显著影响。这一划分方法不仅考虑到国家财政支出宏观层面和中观层面的结构对区域增长的影响，同时也考虑到不同层面的财政支出的职能结构对区域增长的影响，进而影响到区域增长的协调性。本书也沿用这样一个思路，从中央和地方的分职能财政支出结构对区域协调增长的作用视角出发，进行实证研究，在检验方法上使用空间计量方法，在指标设置上有所不同。

（4）按财政支出的区域分权职能，分析财政支出的分权结构。财政支出的权利和义务的匹配，是财政支出政策促进区域经济协调增长目标成功的重要保证。孙丽（2006）在研究中指出，财政收入分权指数与区域差距基尼系数负相关，财政支出分权指数与区域差距基尼系数正相关。因此得出结论：财政支出的分权加大了省域人均 GDP 的差距。我国分税制改革前，财政支出按隶属关系划分，统收的格局被打破，但统支的格局没被打破，1994 年的分税制改革将中央与地方的事权与支出责任进行了划分，但出现了事权逐层下放，财权逐层上收的现象，上级政府的机会主义泛滥。同时，我国在转轨过程中，政府和市场的关系不断变化，财政支出纵向分权改革总体滞后于市场变化，与财政收入分权体制不相容，影响了中央财政支出在地区平衡中更多作用的发挥，也制约了地方经济尤其是落后地区经济的发展。本书选取这一结构视角，以分税制改革后的时间段为样本期间，分析分税制改革后财政分权对地区差距造成的影响是正面或负面，检验二者之间的关系。

第二节 已有区域协调增长相关概念及本书界定

区域协调增长是区域协调发展的基石，以往相关研究多聚焦于经济协调发展，但关于区域协调发展的文献从思路、方法等方面为研究区域协调增长奠定了良好的基础。

一 已有研究中的区域协调发展定义

樊杰、陆大道等（2001）认为我国的区域协调应包括建立合作的优势互补机制，在区域产业分工的基础上实现区域合作。[①] 翁君奕等（1996）指出协调应被认为是一个平衡的考虑社会在经济起飞和实现最显著的经济增长过程中所愿意付出的代价，它是一种主观的心理承受能力和范围。[②] 石康（1996）指出需要控制区域之间的经济发展整体差距的范围，避免对全局经济造成破坏性的影响。[③] 陈计旺（2001）认为区域经济协调发展依赖于公平竞争、平等互惠、相互依存的区域经济关系。他强调了国家作为一个整体的效率。[④] 蔡思复（1997）提倡均衡优先、兼顾效率的区域协调思想，支出从效率和平衡的分析角度来看，我国应该采取强有力的区域调控政策措施，优先实现向中西部欠发达地区倾斜的区域平衡战略。[⑤] 区域税收政策课题组（1998）指出中西部地区省份并非要全面赶上东部地区的发展，一些中西部地区的内部条件较好的省份可以更好地快速发展，最终缩小地区差距。[⑥] 王亭亭（2002）指出区域经济协调的含义应包括城乡经济协调、区域产业结构协调有序演进，以及经济发展和资源环境的协调。

---

① 樊杰、陆大道等：《中国地区经济协调发展与区域经济合作研究》，中国友谊出版公司2001年版。
② 翁君奕、徐华：《非均衡增长与协调发展》，中国发展出版社1996年版。
③ 石康：《一九九五年地区经济协调发展观点综述》，《宏观经济管理》1996年第3期。
④ 陈计旺：《地域分工与区域经济协调发展》，经济管理出版社2001年版。
⑤ 蔡思复：《我国区域经济协调发展的科学界定及其运作》，《中南财经大学学报》1997年第3期。
⑥ 区域税收政策课题组：《促进区域经济协调发展的税收政策》，《改革》1998年第4期。

二 趋同角度的区域经济协调增长定义

"趋同"一定程度上是区域协调增长的表现形式,因此,有必要对其含义进行回顾。该词来源于数学,意味着序列收敛于某个值,在经济学意义上,趋同(Convergence)是指地区之间或国家之间随着时间的推移逐渐减少收入差距的趋势。相反,趋异(Divergence)是贫者越贫、富者越富的现象在不同国家或地区的存在。

在趋同的研究中,研究人员通常划分收敛的种类为 δ 趋同(人均收入水平趋同)和 β 趋同(经济增长的趋同),后者又分为绝对收敛与条件收敛,此外,在某区域内部或以某区域整体为单位出现的趋同称为俱乐部趋同。

1. δ 趋同

δ 趋同是指不同国家或地区之间的人均收入水平的差量不断随着经济发展最终下降的趋势。也就是说,根据 δ 趋同的原理,即选定特定区域作为研究对象,选取一段时间作为时间区间,逐年计算选定样本区域间人均收入水平的离差及标准差。当离差与标准差下降的时候,则意味着区域间人均收入水平在逐步趋向平均,意即出现趋同的趋势;如离差与标准差上升,则意味着出现趋异的趋势,如二者没有发生显著的变化,则可以认为趋同和趋异同时存在。以下为 δ 趋同的计算公式:

$$\delta_t^2 = \frac{1}{n}\sum_{i=1}^{n}(\log y_{it} - \frac{1}{n}\sum_{i=1}^{n}\log y_{it})^2 \tag{5.1}$$

式(5.1)中,y_{it} 表示第 i 个区域在 t 时刻的人均国民收入水平,δ_t 为 n 个区域之间人均国民收入水平对数值的标准差。若在 $(t+T)$ 时刻满足:$\delta_{t+T} = \alpha\delta_t(0<\alpha<1)$,则称这 n 个经济体具有 T 阶的 δ 趋同。

2. 绝对 β 趋同

绝对 β 趋同指拥有相同基本初始条件(相同的生产函数、人均储蓄率、人口增长速度、资本增长率、资本折旧率)的不同国家或区域,初始人均国民收入较低的国家或区域会以更快的增长速度,赶超初始人均国民收入水平较高的国家,最终达到相同的人均国民收入水平的趋势,即经济增长率与初始人均国民收入水平呈负相关。β 趋同检验的公式为(Baumol,1986):$g_i = \alpha_i + \beta(y_{i0}) + \mu_i$,其中,$g_i$ 为人均国民收入水平的增长率,y_{i0} 为第 i 区域的初始人均国民收入水平。如果 $\beta<0$,则存在 β 收敛。Barro 和 Sala-i-Martin(1991)改进了上述方程式如下:

$$\frac{1}{T-t}\log\frac{y_{iT}}{y_{it}} = x_t^* + \frac{1-e^{-\beta(T-t)}}{T-t}\log\frac{\hat{y}_t^*}{\hat{y}_{it}} + \mu_{it} \tag{5.2}$$

式（5.2）中，i 代表第 i 个区域，$T-t$ 代表期末和期初时间的跨度，x_t^* 为人均稳态增长率，$\hat{y}_{it}$ 为输出的有效劳动单位，$\hat{y}_t^*$ 为单位劳动力稳态产出，β 为收敛速度。假定 x_t^* 和 $\hat{y}_t^*$ 不变，式（5.2）可简化为：

$$\frac{1}{T-t}\log\frac{y_{iT}}{y_{it}} = B + \frac{1-e^{-\beta(T-t)}}{T-t}\log y_{it} + \mu_{it} \tag{5.3}$$

式（5.3）中，β 取决于期初人均国民收入水平，而不与其他变量相关，因此被认为是一个绝对趋同的速度系数。

3. 条件 β 趋同

条件 β 趋同指不具有相同特征或结构的区域经济体，不能以相似的机制收敛于同一个稳定的国民收入水平，而是以差异化的路径收敛于各自的稳态水平，这被称为条件趋同。各区域经济体距离自身的稳态越远，收敛于自身稳态的速度就越快。当控制了趋同条件之后（如各地区的人均储蓄率、人口增长率、劳动生产率等），各区域经济体的收敛于稳态的增长率将存在条件趋同。在 Barro 和 Sala-i-Martin 提出的方程中增加如人力资本等其他变量，便得到条件 β 趋同的方程式：

$$\frac{1}{T-t}\log\frac{y_{iT}}{y_{it}} = \alpha_i + \beta\log y_{it} + \phi(x_{it}) + \mu_{it} \tag{5.4}$$

式（5.4）中，x_{it} 为一组控制变量，代表地区经济收敛速度可能与一系列趋同条件有关，一般以外贸依存度、人口增长率、市场化指数、投入产出率等作为控制变量。因此，上式测算出的 β 系数反映了一种条件趋同。

如果绝对收敛存在，则潜心发展经济将带来最终收敛的形成；如果收敛是有条件的，那么政府的增长努力将需要关注如何创造可以带来收敛的内外部条件。

4. 俱乐部趋同

俱乐部趋同指的是经济结构和期初人均收入水平相似的国家或地区，长期收敛于相同的国民收入水平的趋势。如经济合作与发展组织成员国家之间的趋同和我国中西部地区内部的趋同。俱乐部趋同的检验方程为：

$$\frac{1}{T-t}\log\frac{y_{iT}}{y_{it}} = \beta_1 + \beta_2\log y_{it} + \beta_3 D + \varepsilon_{it} \tag{5.5}$$

式（5.5）中，β_2，β_3 为待估参数，如果 β_2 为负值，就称这 n 个地区间出现俱乐部收敛。

三 本书中区域协调增长的定义

本书认为，经济协调增长的地区是在区域分工合理范围内，在各自的比较优势的基础上发挥作用，相互跨区域实行合作，增强国民经济资源配置的整体效率，实现区域最终共同发展和共同富裕。区域经济增长的协调性主要表现在：当地经济区域有很强的内在自我发展能力；生产要素能够在当地市场经济机制下自由流动；横向之间的区域经济联合发展空间广阔。其内容包括两个方面：一是增加区域间的协调，二是协调区域内的增长。在协调中，各级政府要共同努力，本书认为，区域间协调发展，对中央政府宏观层面的政策作用提出了更高的要求。而对于区域内部协调，地方政府占有重要的地位。

具体来说，本书认为"区域协调增长"的含义还应包括：（1）从结果上看，是区域间经济增长水平绝对差距的缩小，因此应包含 δ 趋同；（2）从过程的角度看，短期中，区域协调应包含收敛速度的趋同；（3）从长期过程来看，是指欠发达地区最终赶上发达地区，从而最终减少了地区间差距甚至反超，为此，应创造条件，实现条件趋同；（4）从财政支出结构的作用来看，即财政支出结构调整，财政支出规模增加，尤其是向中西部地区倾斜的财政政策导向下的财政支出体系不断完善，不断适应区域协调增长目标的实现。

第三节 财政支出结构完善与区域协调增长"双目标"选择界定

财政支出结构的完善和区域经济协调增长是社会经济可持续稳定发展的重要因素，其中财政政策是影响区域社会经济发展的引导性变量，区域的协调增长是区域要素资源配置的合理程度的体现，是社会经济可持续发展与否的核心评判尺度，两者既相互影响，也共同决定了客观经济发展的阶段、状态和结果。两个系统的匹配将会产生互动的良性循环，从而表现出最佳整体效应；两个系统若背离或是偏差，将导致系统内部失衡和系统间矛盾的恶化，从而对整体经济产生负外部性，因此，单一地反映各自系统的优化目标及单方面讨论目标实现问题将缺少参照标准与意义,难以反映系统交互与共生机制,将两个系统的动态相互匹配加以考虑的双目标选择,将更好地实现双系统相互作用以达到各自优化及共同优化的良性结果。

结合前面基于财政区域协调职能的财政支出结构和区域协调增长两个概念的界定和分析,具体而言,本书所涉及"双目标"意指区域协调增长与财政支出体系完善的匹配。其内涵包括:(1)结构性匹配,即通过区域内部经济结构、区域间经济结构与财政支出结构的匹配来揭示财政支出各方面的合理性和整个系统的运行状态,是一种过程匹配;(2)规模匹配,财政支出的规模要与区域经济协调发展所需的最佳规模匹配,以区域经济协调增长为取向的新形势下的财政支出政策,需要达到协调增长所需的最佳规模,是一种状态匹配;(3)效益匹配,财政支出结构优化和区域协调增长的匹配最终体现为各自效益的增长,双系统互相促进,走向共同优化,实现最终统一目标,是一种结果匹配。

第四节 本章小结

本章在梳理国内外学者对财政支出体系以及区域协调增长的相关定义及内涵的基础上,界定了本书所涉及的相关概念的内涵。本书所界定的财政支出体系主要侧重于财政支出结构,且本书按照财政支出在区域协调增长中的职能作用不同,将财政支出结构分为区域结构、生产性和非生产性结构、中央和地方结构以及财政制度分权结构四个维度,后文将在这四个维度下探讨区域协调增长目标下的财政支出结构优化。本书将区域协调增长界定如下:发展基础方面,实现区域间绝对差距缩小;落后地区的增长要尽量赶超发达地区,从而缩小与发达地区间的差距,即实现 β 趋同;在满足区域利益的帕累托改进的同时实现公平,而且这种协调增长以财政支出体系不断完善为基础(包括财政支出结构不断优化、财政支出规模不断增长以及制度不断完善等)。而就"双目标"选择方面,则主要从双目标的产生、理论界定进行分析,并具体提出体现在结构性匹配、规模匹配、效益匹配三个方面的匹配含义。

第六章 财政支出结构与区域协调增长的双目标匹配分析

第一节 财政支出结构与区域协调增长匹配发展指标体系构建

一 双目标匹配发展的框架

财政支出结构目标与区域经济协调增长目标是两个彼此关联的子系统,二者之间互相作用,彼此促进,构成各子系统之间的正反馈循环的相互作用机制,二者的匹配度决定了双系统之间的循环作用方向,匹配度高则进入良性反馈;反之,总系统将因为内部不匹配产生整体效率的降低,同时子系统也将承受巨大损失。匹配具有以下特点:

(1) 匹配指内部系统的组成和状态中的元素之间的关系。结合系统内部要素之间的很强的关系功能,各个组成部分的实力和状态,只有相互匹配和适应,整体系统的演化才能够成功。

(2) 匹配是指系统与系统合作,而不是孤立发展,仅仅优化子系统并不意味着整个系统的优化组合,需要有全局视角和系统视角来对待发展。

(3) 发展是指一个系统或系统组件本身,从简单到复杂,从低级到高级的演变进化过程。可以看出匹配是在系统之间的良好相关性。因此,从无序到有序选择"双目标"只有"匹配"和"发展"的理念系统或系统要素之间的关系和演进基础,才能实现"双目标"的达成。匹配强调的是整体性、综合性和内生增长的聚合,它不是一个单一系统的增长,而是多个系统在协调引导下的全面发展的过程。

具体而言,一方面,财政支出结构的完善对于区域协调将产生多重作用。首先,财政支出结构的完善可以引导资源的最优化配置,提高经济运行效率，有利于地区间交流和联系的增强，从而减少区域差距。其次，财政支出结构的完善有助于提高欠发达地区公共服务水平，从而增强区域经济体系的区位优势，增强资源的投资优势，促进区域发展吸引力的提升，带动新的区域产业的形成，促进区域经济系统演化到更高级阶段，同时也为发达地区提供更为有效率的资源配置和更广阔的市场。

另一方面，提高区域经济协调增长水平，也将推动地方财政支出结构不断优化。首先，提高经济活动水平的经济手段加强，有利于增加地区财政收入，从而为财政支出创造源源不断的动力。其次，区域经济水平的提高有利于增强市场活力，从而对财政服务体系提出更高的要求，一定程度上也有利于推动财政支出结构的优化。财政支出结构完善与区域经济互动和相互影响，构成多环正反馈系统，提高功能的每一个环节，会影响下一环节，并逐渐递进延伸，功能逐步增强，最终形成彼此影响和作用的系统网。

本章将构建财政支出结构和区域协调增长两系统匹配发展与否的衡量指标体系，从静态和动态，从系统内协调到系统间协调分析双系统的匹配关系。

二 指标体系构建

1. 构建原则

具体指标应根据对系统的了解来进行选择，要有足够的研究来构建指标体系的基础，应能完全覆盖区域协调增长目标的内涵。同时，指标设置兼具理论性和可获得性，要考虑指标数据取得的可靠性和难易程度，尽量选择有典型意义的关键指标和综合指标，统计如果没有可以量化的指标相匹配，或统计数据难以取得，则不应包含在指标体系中。要体现财政支出结构完善与区域经济协调系统匹配发展的内涵，突出匹配发展的目标。

2. 指标选取

本书采用专家咨询法、频度统计法和理论分析法来选择指标。频度统计法主要是对当前区域协调评估研究的研究报告和文献进行频度统计，选择使用高频指标对财政支出结构子系统与区域经济协调子系统的功能、内容、主要特征和关键因素进行比对和全面分析，选择具有理论匹配性的指标。最后，在提炼前期研究评价指标的基础上，征求有关专家意见，并确定最终的调整。使用上述三种方法得到最终的一般评价区域的财政支出结构与区域社会经济发展状况的指标体系。指标筛选过程见图 6-1。

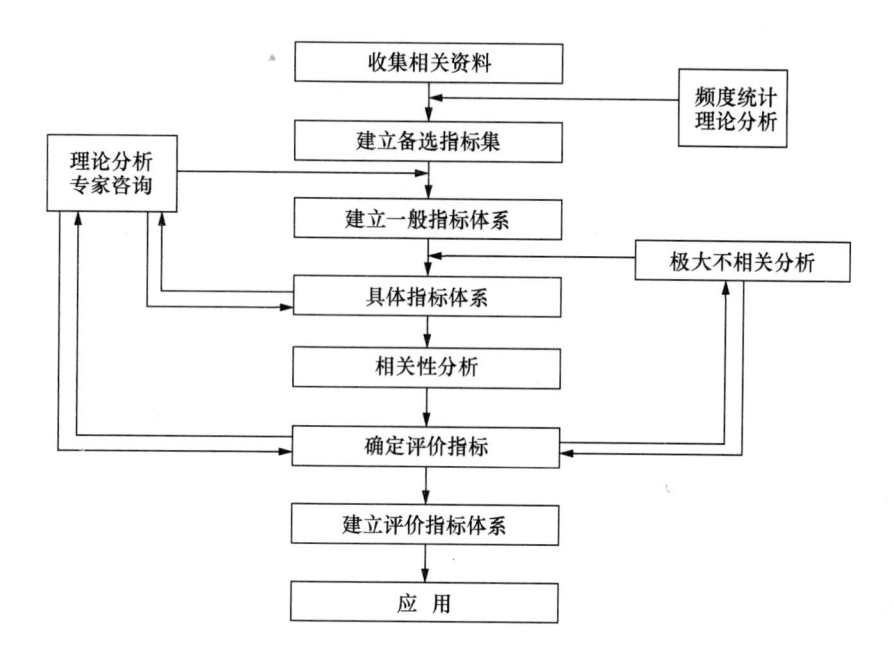

图 6-1 财政支出结构与区域经济协调增长匹配指标筛选流程

3. 双系统指标体系基本框架

双重目标指标体系，是指财政支出结构子系统和区域协调增长子系统的指标体系，是对这两个子系统之间协调匹配衡量的依据。根据前述对双目标系统内涵的界定，本书对两个子系统各自的构成指标进行解释。

（1）财政支出结构指标可以从结构、规模、功能等维度进行归类。规模是结构的前提，效益是结构的结果，因此三个层次的指标间接或直接地反映了财政支出结构体系。一般预算收入、一般预算支出反映财政支出结构的规模性；地方财政收支比等指标则体现财政支出的责权性；财政交通运输支出、财政支农、财政教育支出、财政科技支出、财政文体支出、财政卫生支出、财政社保支出、环境保护支出等则同时体现了财政支出结构的功能性和结构性特征，是财政支出的功能性和结构性指标。而人均水资源量、林业用地面积、森林面积、地区人口就业量则是为了测度财政支出结构内外协调性的效益指标。各具体指标如表 6-1 所示。

表 6−1　　　　　　　　　　财政支出结构指标体系

名称	单位	名称	单位
一般预算收入	亿元	财政社保支出	亿元
一般预算支出	亿元	环境保护支出	亿元
地方财政收支比	%	其他支出	亿元
财政交通运输支出	亿元	地区 GDP	亿元
财政支农	亿元	地区人口就业量	万人
财政教育支出	亿元	单位地区生产总值能耗	吨标准煤/万元
财政科技支出	亿元	人均水资源量（无）	立方米/人
财政文体支出	亿元	林业用地面积	万公顷
财政卫生支出	亿元	森林面积	万公顷

（2）评估所选择的区域协调增长的指标也体现了规模、结构和效益方面的经济意义。主要经济指标反映选定区域的国民收入水平、第一产业产值、第二产业产值、第三产业产值、地区固定资产投入、地区出口额以及外商直接投资的 σ 协调值。这些指标可以更好地反映总体水平意义上区域经济系统自身的协调性。而经济结构指标则选取了三个产业产值各自占国内生产总值的比重等指标加以反映。同时，还选择了反映地区人们生活水平（各地区城镇居民可支配收入）和科技发展水平的指标（R&D 经费）σ 协调值以更加全面地考察区域经济协调发展水平。

表 6−2　　　　　　　　　区域经济协调发展系统指标

指标名称	指标单位	指标名称	指标单位
地区 GDP 之 σ 协调值①	—	第二产业产值占 GDP 比重	—
第一产业产值之 σ 协调值	—	第三产业产值占 GDP 比重	—
第二产业产值之 σ 协调值	—	各地区城镇居民可支配收入之 σ 协调值	—
第三产业产值之 σ 协调值	—	R&D（科研）经费之 σ 协调值	—
地区固定资产投入之 σ 协调值	—	地区出口额之 σ 协调值	—
第一产业产值占 GDP 比重	—	外商直接投资之 σ 协调值	—

---

① 运用公式 $\sigma_t = \sqrt{\frac{1}{N-1}\sum_{i=1}^{N}(y_{it}-\overline{y_t})^2}$，其中：$y_{it}=\ln(Y_{it})$ 和 $\overline{y_t}=\frac{1}{N}\sum_{i=1}^{N}y_{it}$ 测算 1994—2009 年"绝对 σ 收敛"，发现各省区不存在 σ − 收敛。

第二节　双系统匹配发展的评价方法

在本书中，熵值法被用来确定财政支出结构、区域经济协调双系统指标的权重，然后计算双系统的整体发展水平，进而从发展综合水平、匹配度、匹配水平和匹配发展趋势四个方面对双目标指标体系的整体协调发展趋势进行评估，最后用灰色GM（1，N）模型对双系统关系进行定量模型分析，具体过程如图6-2所示。

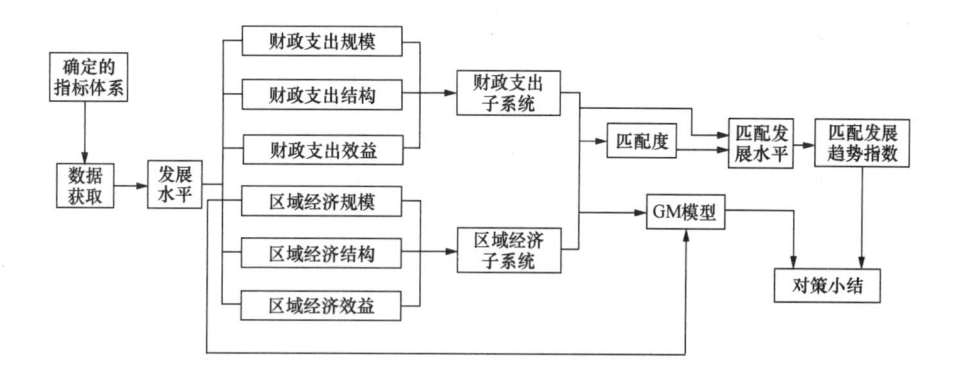

图6-2　双目标匹配评估流程

一　双系统综合发展水平计算

1. 评价指标权重的确定

在本书中，熵值法的赋值是一种客观赋权法，它根据来自外部信息的原始的客观环境，通过对各种赋值指标之间的关系紧密性和各项赋值指标所代表的信息的分析，来确定赋值权重，从而有效避免出现主观偏误。

指标权重分配过程中的熵方法如下（白雪梅、赵松山，1998）：

设 x_{ij} 代表 i 样本的第 j 个数值的指标，（$i=1, 2, 3, \wedge, n; j=1, 2, 3, \wedge, p$），其中 n 和 p 为样本数与指标数。

（1）赋值指标转化的比例：$S_{ij} = \dfrac{x_{ij}}{\sum\limits_{i=1}^{n} x_{ij}}$ 　　　　　　(6.1)

（2）熵评价指标赋权：$h_i = -\sum\limits_{i=1}^{n} s_{ij} \ln s_{ij}$ 　　　　(6.2)

（3）熵的反向：$a_j = \max h_j/h_j (a_j \geq 1)(j=1,2,\wedge,p)$ （6.3）

（4）权重计算指数：$\omega_j = \dfrac{a_j}{\sum\limits_{j=1}^{p} a_j}$ （6.4）

2. 无量纲化指标

双系统匹配度评价中存在多个指标，虽然有些指标可以定量计算，但由于指标具有不同的定义、不同的量纲，从而不能直接计算比较不同的指标，所以需要进行这一类指标的无量纲化处理，统一调整到［0,1］之间。直线型无量纲法计算公式如下：

$$y_j = \dfrac{x_j}{\max x_j}, \quad x_j \text{ 为正指标} \tag{6.5}$$

$$y_j = \dfrac{\min x_j}{x_j}, \quad x_j \text{ 为逆指标} \tag{6.6}$$

3. 计算财政支出结构、区域经济协调综合发展水平

$$f(IS \text{ 或 } RE) = \sum_{j=1}^{p} \omega_j y_j \tag{6.7}$$

二 双系统匹配发展指数分析

本部分从双系统的匹配度、匹配发展度、匹配变化趋势等几个方面来构建评估双系统匹配关系的模型。

1. 双系统的匹配度

(IS, t) 和 (RE, T)，公共支出与两个系统的区域经济协调发展，即 (IS, t) 和 (RE, t) 的较小的匹配系数的偏差，由该偏差系数表示的是匹配程度的测量系统衡量匹配状态的好坏。让我们在一个综合评价函数点的发展水平构建双系统的评价函数 $f(IS, t)$ 和 $f(RE, t)$，双系统任何一方的发展都将推动同一方向的另外一方的发展，即 $f(IS, t)$ 和 $f(RE, t)$ 的较小的偏差系数意味着更匹配，用离差系数表示如下：

$$C_v(t) = \dfrac{|f(IS, t) - f(RE, t)|}{\frac{1}{2}[f(IS, t) + f(RE, t)]} = 2\sqrt{1 - \dfrac{f(IS, t) \times f(RE, t)}{\left(\dfrac{f(IS, t) + f(RE, t)}{2}\right)^2}} \tag{6.8}$$

因为 $f(IS, t) > 0$，$f(RE, t) > 0$，所有 $C_v(t)$ 最小的充分条件是：

$$g(t) = \dfrac{f(IS, t) \times f(RE, t)}{\left(\dfrac{f(IS, t) + f(RE, t)}{2}\right)^2} \to \max \tag{6.9}$$

第六章 财政支出结构与区域协调增长的双目标匹配分析

定义财政支出结构与区域经济协调系统在 t 时刻的匹配度为:

$$C(t) = \left| \frac{f(IS,t) \times f(RE,t)}{\left[\frac{f(IS,t) + f(RE,t)}{2}\right]^2} \right|^K \tag{6.10}$$

式中,K 为识别系数。

双系统匹配度 $C(t)$ 的含义在于:当双系统发展到一定状态($f(IS,t)+f(RE,t)=c$)时,$f(IS,t) \times f(RE,t)$ 最大。从数学的分析角度讲,只有当 $f(IS,t)=f(RE,t)$ 时,$f(IS,t) \times f(RE,t)$ 达到最大值,说明这两个系统达到最佳匹配,即 $C(t)=1$。最大为 1 即财政支出结构与区域经济协调增长处于最佳匹配状态,匹配度 $C(t)$ 越小,则双系统越不匹配。匹配程度如表 6-3 所示。

表 6-3　　　　　　　　　匹配程度

匹配度	0.90—1.00	0.80—0.89	0.70—0.79	0.60—0.69	0.50—0.59	0.40—0.49	0.0—0.39
匹配等级	优质匹配	良好匹配	中级匹配	初级匹配	勉强匹配	濒临失调	失调

2. 系统的匹配发展水平

匹配度 $C(t)$ 反映在时间 t 匹配这两个系统的程度,但不能反映系统的时间发展水平。如当 $f(IS,t)=f(RE,t)=q_1$ 时,匹配度为 1,当 $f(IS,t)=f(RE,t)=q_2$ 时,匹配度也为 1;如果 $q_1<q_2$,则前者的发展水平低于后者,而匹配度 $C(t)$ 对此信息不能表达。

为此,我们将匹配度与系统的发展水平综合起来反映系统的匹配发展水平,用 $D(t)$ 表示:

$$D(t) = \sqrt{C(t) \times F(t)} \tag{6.11}$$

采用加权加法评分法,将上述的匹配度 $C(t)$ 作为权重系数,其中 $F(t)=\dfrac{f(IS,t)+f(RE,t)}{2}$,表示 t 时刻双系统的匹配发展水平。

3. 总体匹配趋势指数

前述两个匹配指标都是静态指标,并不能反映系统相匹配的发展变化趋势。出于这个原因,匹配趋势指数 $\delta(t)$ 被用来定义双系统相匹配的趋势。

$$\delta(t) = \frac{D(t)}{\frac{1}{t-T}\sum_{i=T}^{t-1} D(i)} \tag{6.12}$$

其中,$D(t)$ 为财政支出结构与区域经济协调系统在 t 时刻的匹配发展水平; $\frac{1}{t-T}\sum_{i=T}^{t-1}D(i)$ 为财政支出结构与区域经济协调系统在 T 到 $t-1$ 这一段时间的总体匹配发展水平。当 $\delta(t)>1$ 说明系统在 T 到 t 时段的总体匹配发展水平处于上升趋势;当 $\delta(t)=1$ 说明系统在 T 到 t 时段的总体匹配发展水平处于稳定状态;当 $\delta(t)<1$ 说明系统在 T 到 t 时段的匹配发展趋势在弱化。应当指出的是,如果 T 是一个固定值,它表明了一个时间段内的总趋势,如果它是可变的,特别是等于一个常数 $t-1$ 时,式(6.12)将退化为

$$\delta(t)=\frac{D(t)}{D(t-1)} \tag{6.13}$$

根据前述指标及双系统评价函数,把双系统相匹配的关系类型分为3大类63小类,见表6-4。

表6-4　财政支出结构与区域经济协调匹配发展类型判别

$D(t)$	类型	$\delta(t)$	$f(IS,t)$ 与 $f(RE,t)$ 的关系	关系判别
协调发展类型（可接受区间） 0.90—1.00	优质协调发展类型	$\delta(t)_{>1}$	$f(IS,t)<f(RS,t)$ $f(IS,t)=f(RE,t)$ $f(IS,t)>f(RS,t)$	优质匹配发展财政支出结构滞后增长型 优质匹配发展财政支出结构同步增长型 优质匹配发展财政支出结构超前增长型
		$\delta(t)_{=1}$	$f(IS,t)<f(RE,t)$ $f(IS,t)=f(RE,t)$ $f(IS,t)>f(RE,t)$	优质匹配发展财政支出结构滞后平稳型 优质匹配发展财政支出结构同步平稳型 优质匹配发展财政支出结构超前平稳型
		$\delta(t)_{<1}$	$f(IS,t)<f(RE,t)$ $f(IS,t)=f(RE,t)$ $f(IS,t)>f(RE,t)$	优质匹配发展财政支出结构滞后衰退型 优质匹配发展财政支出结构同步衰退型 优质匹配发展财政支出结构超前衰退型
0.80—0.89	良好协调发展类型	$\delta(t)_{>1}$	$f(IS,t)<f(RE,t)$ $f(IS,t)=f(RE,t)$ $f(IS,t)>f(RE,t)$	良好匹配发展财政支出结构滞后增长型 良好匹配发展财政支出结构同步增长型 良好匹配发展财政支出结构超前增长型
		$\delta(t)_{=1}$	$f(IS,t)<f(RE,t)$ $f(IS,t)=f(RE,t)$ $f(IS,t)>f(RE,t)$	良好匹配发展财政支出结构滞后平稳型 良好匹配发展财政支出结构同步平稳型 良好匹配发展财政支出结构超前平稳型
		$\delta(t)_{<1}$	$f(IS,t)<f(RE,t)$ $f(IS,t)=f(RE,t)$ $f(IS,t)>f(RE,t)$	良好匹配发展财政支出结构滞后衰退型 良好匹配发展财政支出结构同步衰退型 良好匹配发展财政支出结构超前衰退型

续表

$D(t)$	类型	$\delta(t)$	$f(IS,t)$ 与 $f(RE,t)$ 的关系	关系判别
协调发展类型（可接受区间） 0.70—0.79	中级协调发展类型	$\delta(t)_{>1}$	$f(IS,t)<f(RS,t)$	中级匹配发展财政支出结构滞后增长型
			$f(IS,t)=f(RE,t)$	中级匹配发展财政支出结构同步增长型
			$f(IS,t)>f(RE,t)$	中级匹配发展财政支出结构超前增长型
		$\delta(t)_{=1}$	$f(IS,t)<f(RE,t)$	中级匹配发展财政支出结构滞后平稳型
			$f(IS,t)=f(RE,t)$	中级匹配发展财政支出结构同步平稳型
			$f(IS,t)>f(RE,t)$	中级匹配发展财政支出结构超前平稳型
		$\delta(t)_{<1}$	$f(IS,t)<f(RE,t)$	中级匹配发展财政支出结构滞后衰退型
			$f(IS,t)=f(RE,t)$	中级匹配发展财政支出结构同步衰退型
			$f(IS,t)>f(RE,t)$	中级匹配发展财政支出结构超前衰退型
0.60—0.69	初级协调发展类型	$\delta(t)_{>1}$	$f(IS,t)<f(RS,t)$	初级匹配发展财政支出结构滞后增长型
			$f(IS,t)=f(RE,t)$	初级匹配发展财政支出结构同步增长型
			$f(IS,t)>f(RE,t)$	初级匹配发展财政支出结构超前增长型
		$\delta(t)_{=1}$	$f(IS,t)<f(RE,t)$	初级匹配发展财政支出结构滞后平稳型
			$f(IS,t)=f(RE,t)$	初级匹配发展财政支出结构同步平稳型
			$f(IS,t)>f(RE,t)$	初级匹配发展财政支出结构超前平稳型
		$\delta(t)_{<1}$	$f(IS,t)<f(RE,t)$	初级匹配发展财政支出结构滞后衰退型
			$f(IS,t)=f(RE,t)$	初级匹配发展财政支出结构同步衰退型
			$f(IS,t)>f(RE,t)$	初级匹配发展财政支出结构超前衰退型
过渡类（过渡区间） 0.50—0.59	勉强协调发展类型	$\delta(t)_{>1}$	$f(IS,t)<f(RS,t)$	勉强匹配发展财政支出结构滞后增长型
			$f(IS,t)=f(RE,t)$	勉强匹配发展财政支出结构同步增长型
			$f(IS,t)>f(RE,t)$	勉强匹配发展财政支出结构超前增长型
		$\delta(t)_{=1}$	$f(IS,t)<f(RE,t)$	勉强匹配发展财政支出结构滞后平稳型
			$f(IS,t)=f(RE,t)$	勉强匹配发展财政支出结构同步平稳型
			$f(IS,t)>f(RE,t)$	勉强匹配发展财政支出结构超前平稳型
		$\delta(t)_{<1}$	$f(IS,t)<f(RE,t)$	勉强匹配发展财政支出结构滞后衰退型
			$f(IS,t)=f(RE,t)$	勉强匹配发展财政支出结构同步衰退型
			$f(IS,t)>f(RE,t)$	勉强匹配发展财政支出结构超前衰退型
0.40—0.49	濒临失调发展类型	$\delta(t)_{>1}$	$f(IS,t)<f(RS,t)$	濒临失调财政支出结构滞后增长型
			$f(IS,t)=f(RE,t)$	濒临失调财政支出结构同步增长型
			$f(IS,t)>f(RE,t)$	濒临失调财政支出结构超前增长型
		$\delta(t)_{=1}$	$f(IS,t)<f(RE,t)$	濒临失调财政支出结构滞后平稳型
			$f(IS,t)=f(RE,t)$	濒临失调财政支出结构同步平稳型
			$f(IS,t)>f(RE,t)$	濒临失调财政支出结构超前平稳型
		$\delta(t)_{<1}$	$f(IS,t)<f(RE,t)$	濒临失调财政支出结构滞后衰退型
			$f(IS,t)=f(RE,t)$	濒临失调财政支出结构同步衰退型
			$f(IS,t)>f(RE,t)$	濒临失调财政支出结构超前衰退型

续表

D(t)	类型	δ(t)	f(IS, t)与f(RE, t)的关系	关系判别
失调类（不可接受区间） 0—0.39	失调发展类型	δ(t)>1	f(IS, t)<f(RS, t)	失调型财政支出结构滞后增长型
			f(IS, t)=f(RE, t)	失调型财政支出结构同步增长型
			f(IS, t)>f(RE, t)	失调型财政支出结构超前增长型
		δ(t)=1	f(IS, t)<f(RE, t)	失调型财政支出结构滞后平稳型
			f(IS, t)=f(RE, t)	失调型财政支出结构同步平稳型
			f(IS, t)>f(RE, t)	失调型财政支出结构超前平稳型
		δ(t)<1	f(IS, t)<f(RE, t)	失调型财政支出结构滞后衰退型
			f(IS, t)=f(RE, t)	失调型财政支出结构同步衰退型
			f(IS, t)>f(RE, t)	失调型财政支出结构超前衰退型

第三节 双系统匹配发展的灰色 GM（1，N）模型

进一步地，我们采用灰色系统模型，用于评估财政支出结构与区域经济协调系统的匹配关系。

一 灰色系统简述

灰色系统是一个黑盒理论的系统推广，是指含有未知的和已知的信息的系统。灰色模型GM（Grey Model），它是灰色系统理论、控制理论的基础，是灰色基本模型。它以一种基于灰色模块上的模式，建立了微分拟合。

灰色系统理论是一种不同的系统间的融合度的研究方法，可以解决在研究数据缺乏、信息不畅和不确定性等问题影响下的系统匹配问题，双系统的影响因素中部分信息是已知的，可以对其进行统计；另外，有些信息由于双系统内的复杂运动尚未确知，如运行机理、真实路径、传导工具等，存在着灰色性、不确定性、模糊性、信息不完全性和随机性，由此可见，这样的双系统是灰色关联系统，我们可以使用灰色系统理论来分析相互匹配的发展。在许多灰色系统理论模型中，本书选择灰色GM（1，N）模型，以进行符合双系统发展关系的定量研究。

二 灰色 GM（y，N）的匹配发展分析模型

GM（1，N）灰色系统为一阶匹配模型，是包含多个指标的灰色差分方程。该模型被用来分析系统的行为因素，对行为因素变量 $X_1^{(0)}$ 的动态作用模型，揭示了行为因素影响系统的行为发展变化的主要动态过程，系统主要作用的系统变量匹配灰色 GM（1，N）的模型，用来解决在此基础上分析双系统匹配的两个系数的问题。

以下公式中：$X_1^{(0)}$ 为该系统的主要行为因素；$X_i^{(1)}(i=2,3,\cdots,N)$ 为行为因素对系统的影响（系统操作变量），是一个 $X_1^{(0)}$ 累积的产生；财政支出结构与区域经济协调系统中系统个数 $i=2,3,\cdots,N$；t 表示年份。

其中：
$$X_1^{(0)} = (X_1^{(0)}(1), X_1^{(0)}(2), \cdots, X_1^{(0)}(n)),$$
$$X_i^{(0)} = (X_i^0(1), X_i^{(0)}(2), \cdots, X_i^{(0)}(n))$$

为相关因子序列，设 $X_i^{(1)}$ 为 $X_i^{(0)}$ 的一次累加生成序列，同时：
$$Z_1^{(1)} = (Z_1^{(1)}(1), Z_1^{(1)}(2), \cdots, Z_1^{(1)}(n))$$
$$Z_1^{(1)}(t) = 0.5X_1^{(1)}(t) + 0.5X_1^{(1)}(t-1),$$

即 $Z_1^{(1)}$ 为 $X_1^{(1)}$ 的紧邻均值生成序列；

则称：
$$X_1^{(0)}(t) + aZ_1^{(1)}(t) = \sum_{i=2}^{n} b_i X_i^{(1)}(t)$$

为 GM（1，N）灰微分方程。

灰微分方程一般形式可以表示为：

$$(1+0.5a)x_1^{(0)}(t) + 0.5aX_1^{(1)}(t-1) = \sum_{i=2}^{n} b_i x_i^{(1)}(t) \quad (6.14)$$

在这里，当我们分析系统匹配行为因素之间的主要因素和匹配的行为时，主要考虑自匹配系数 a 和子系统的开发匹配系数 $b_i(i=2,3,\wedge,n)$ 之间的模型的发展。这里 $\wedge_{a=[a,b_2,b_3,K,b_N]}T$ 称为参数列，$i=1,\wedge,n$，便有 $Y_n = B \cdot \hat{a}$，式中：

$$Y_n = \begin{bmatrix} x_1^{(0)}(2) \\ x_1^{(0)}(3) \\ \wedge \wedge \\ x^{(0)1}(n) \end{bmatrix}, B = \begin{bmatrix} -z_1^{(1)}(2) x_2^{(1)}(2) \wedge \wedge x_n^{(1)}(2) \\ -z_1^{(1)}(3) x_2^{(1)}(3) \wedge \wedge x_n^{(1)}(3) \\ -z_1^{(1)}(n) x_2^{(1)}(n) \wedge \wedge x_n^{(1)}(n) \end{bmatrix}$$

当估计的参数和残差平方满足最低标准时，根据最小二乘解的方法估计方程如下：

$$\hat{a} = (B^T B)^{-1} B^T Y_n \qquad (6.15)$$

三　子系统自匹配系数和互相匹配发展系数的研究

灰色系统理论中，$-a$ 被称为系统匹配指数，b_i 称为驱动匹配指数，它们通常被用来研究系统的动态关系和关联，以及各因素之间的系统的整体功能的状态。灰色 GM(1, N) 模型发展指标体系的发展作为定量特征因子的表达，能够处理不确定信息，充分利用信息寻求机制以确定系统的运动。$-a$ 较大，则序列包含内在的发展动因就较强。它的特点是系统内在因素的定量结果，是最终决定因素，在发展过程中决定当前和未来的系统要素的发展。对于由离散的和原始的顺序传达的信息的特点，发展指数是内在的、简化的、清晰的信息性质的表示。对于财政支出结构与区域经济协调发展相匹配的双系统情况下，系统的各要素不仅要考虑目前的情况，而且要考虑内在动力和系统，该系统特点是考虑发展的动态趋势。驱动匹配因素是与系统相关的因素，该参数定量描述了系统的主要驱动力。因此，这两个指数为相关研究提供了一种可行的渠道。

从式 (6.14) 可以看出，该系统主要因素变量 X_1 前 $t-1$ 年的累计值对自身第 t 年的值起到积极的推动作用，即 $[0.5aX_1^{(1)}(t-1) - 0.5aX_1^{(0)}(t)] < 0$，$X_1^{(0)}(t)$ 必须足够大，以保持与右侧平衡，从而表明该系统本身具有一定的发展能力；相反，当 $a > 0$ 时表明，该系统本身没有发展的能力。

在式 (6.14) 中，系数 b_2, $\wedge$, b_n 间数量的关系相对反映了模型的动态结构，分析如下 3 种情况：

(1) 若 $(1 + 0.5a) X_1^{(0)}(t) + 0.5a X_1^{(1)}(t-1) = C \sum_{i=2}^{n} X_i^{(1)}(t)$，这表示 $X_2^{(1)}, \cdots, X_N^{(1)}$ 中作用的任何量对 X_1 都是等值的，这意味着每个行为因素（或因子）的系统作用等值，所有的作用量可以合并为一个进行操作。但作为双目标匹配系统，在此体系结构的影响下的状态是不符合客观现实的。

(2) 若存在某个 i，$2 \leq i \leq N$，使 $b_i < 0$ 而其余 $b_j \geq 0$，$j \neq i$，$j = 2$, $\wedge$, N，则式 (6.14) 即为：

$(1+0.5a)X_1^{(0)}(t)+0.5aX_1^{(1)}(t-1)=\sum_{j=2,j\neq i}^{N}b_jX_j^{(1)}(t)-|b_i|X_i^{(1)}(t)$

时，$X_i^{(1)}(t)$ 对行为变量 $X_1^{(0)}(t)$ 的发展起到抑制作用，并且当 $|b_i|=\sum_{j\neq i}b_jX_j^{(1)}(t)/X_i^{(1)}(t)$ 时，$X_1^{(0)}(t)$ 发展的外部推力损失。在通常情况下，这种情况只发生在一个点或几个点，而不是在所有的点，当 $|b_j|$ 增大，不利的影响也在增加，应采取控制措施。

(3) 如果有一个 $2\leq i\leq N$，使得 $b_i\gg|b_j|\geq 0$，$j\neq i$，$j=2$，$\wedge$，N，则式 (6.14) 变为：

$(1+0.5a)X_1^{(0)}(t)+0.5aX_1^{(1)}(t-1)=\sum_{j\neq i}b_jX_j^{(1)}(t)+b_iX_i^{(1)}(t)$

当 $X_1^{(1)}(t)$ 不过分小，就有 $b_iX_i^{(1)}(t)\gg\sum_{j\neq i}b_jX_j^{(1)}(t)$，于是：

$(1+0.5a)X_1^{(0)}(t)+0.5aX_1^{(1)}(t-1)\approx b_iX_i^{(1)}(t)$

这时系统也呈现出 GM(1，2) 的性质。

定义 1：对式 (6.14)，如果有一个 $b_i\geq 0$，$2\leq j<N$，系统变量 X_j 对行为变量 X_1 发挥积极作用；如 $j=2$，$\wedge$，N，X_j 均对行为变量 X_1 起积极作用，则称这两个变量互相起到了积极的结构匹配的作用，简称相匹配的结构。

定义 2：在变量 X_2，$\wedge$，X_N 的系统作用下，当 $a<0$，则该系统在时刻 t 和 $t-1$ 处的主要行为变量满足 $X_1^{(0)}(t)>X_1^{(0)}(t-1)>0$，满足该系统的主要行为变量的数目增加时，系统的主要特性在时间点 t 是增长的趋势，使系统具有其自身发展的能力；相反，$a>0$ 时，该系统不能自我发展。

第四节 实证分析

上面讨论了我国的财政支出结构和区域经济协调增长双系统的匹配机制的理论和方法。本节运用上面的方法，以全国为研究范围，对本书的双系统研究对象的相互匹配关系进行实证研究。

一 双系统综合发展水平计算

1. 指标权重的确定

按照式 (6.1)—式(6.4) 所述的熵值法计算我国财政支出结构与区域经济协调系统各指标的权重如表 6-5 和表 6-6 所示。

表 6-5　　　　　　　　　　财政支出结构指标权重

指标名称	权重	指标名称	权重
一般预算收入	0.0589	财政社保支出	0.0511
一般预算支出	0.0599	环境保护支出	0.0531
地方财政收支比	0.0525	其他支出	0.0573
财政交通运输支出	0.056	地区 GDP	0.0597
财政支农	0.0591	地区人口就业量	0.0516
财政教育支出	0.0517	单位地区生产总值能耗（等价值）	0.0566
财政科技支出	0.055	人均水资源量（无）	0.0524
财政文体支出	0.0523	林业用地面积	0.059
财政卫生支出	0.056	森林面积	0.056

表 6-6　　　　　　　　　　区域经济协调系统指标权重

指标名称	权重	指标名称	权重
各地区 GDP 之 σ 协调值	0.0597	第二产业产值占 GDP 比重	0.058
第一产业产值之 σ 协调值	0.0584	第三产业产值占 GDP 比重	0.0585
第二产业产值之 σ 协调值	0.0552	各地区城镇居民可支配收入之 σ 协调值	0.0543
第三产业产值之 σ 协调值	0.0541	R&D（科研）经费之 σ 协调值	0.0543
地区固定资产投入之 σ 协调值	0.0538	地区出口额 σ 协调值	0.0577
第一产业产值占 GDP 比重	0.0571	外商直接投资之 σ 协调值	0.0554

2. 双系统综合发展水平的计算

根据前述步骤计算双系统综合发展水平，如表 6-7 和图 6-3 所示。

表 6-7　　财政支出结构、区域经济协调系统综合发展水平评估结果

时间	1994	1995	1996	1997	1998	1999	2000	2001
财政支出结构综合发展水平	0.4196	0.4207	0.4596	0.5149	0.5068	0.5342	0.5547	0.5754
区域经济协调综合发展水平	0.6524	0.7051	0.7214	0.7012	0.7321	0.7126	0.7684	0.8245

时间	2002	2003	2004	2005	2006	2007	2008	2009
财政支出结构综合发展水平	0.5912	0.6123	0.6312	0.6348	0.6897	0.7234	0.7468	0.7901
区域经济协调综合发展水平	0.8345	0.8674	0.8974	0.9132	0.9231	0.9514	0.9674	0.9733

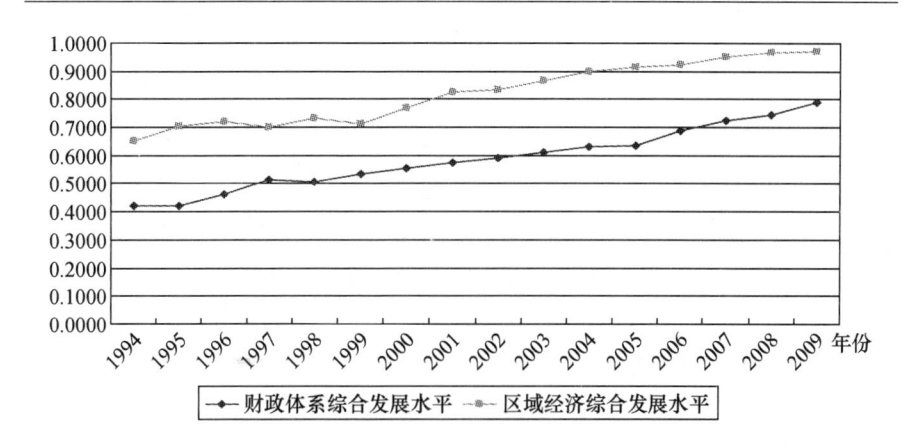

图 6-3 财政支出结构、区域经济协调系统综合发展水平

表 6-7 及图 6-3 显示，从 1994 年到 1999 年，区域经济协调子系统没有更快地发展，但随后开始了加速发展；而财政支出结构综合发展水平则在经历了 1994 年到 1995 年两年的缓慢停滞后，开始了较快的增长，但整体上仍然落后于区域经济协调的发展。

二 财政支出结构与区域经济协调系统匹配发展状况评价

1. 财政支出结构与区域经济协调系统的匹配度

按照式（6.9）算得财政支出结构与区域经济协调系统匹配度如表 6-8 和图 6-4 所示。

表 6-8 财政支出结构—区域经济协调系统匹配度

时间	1994	1995	1996	1997	1998	1999	2000	2001
匹配度 $C(t)$	0.6123	0.6235	0.6321	0.6874	0.7023	0.7236	0.7932	0.8365
匹配类型	初级匹配	初级匹配	初级匹配	初级匹配	中级匹配	中级匹配	中级匹配	良好匹配
时间	2002	2003	2004	2005	2006	2007	2008	2009
匹配度 $C(t)$	0.8563	0.871	0.9132	0.9322	0.9601	0.9784	0.986	0.9896
匹配类型	良好匹配	良好匹配	优质匹配	优质匹配	优质匹配	优质匹配	优质匹配	优质匹配

从表 6-8 和图 6-4 可以看出，1994—2009 年我国财政支出结构与区域经济协调系统匹配度呈上升趋势，其中，1994—1997 年为初级匹配，1998—2000 年为中级匹配，2001—2003 年为良好匹配，2004—2009 年为优质匹配，其中 2009 年两系统匹配度达到了 0.9896。

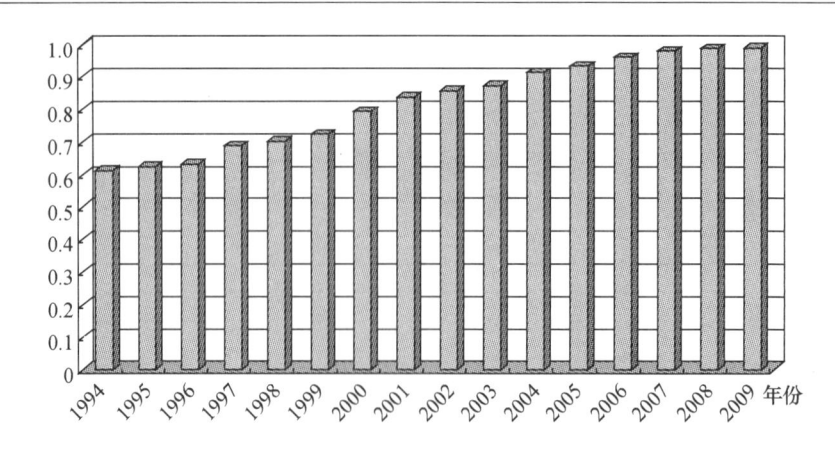

图 6-4 财政支出结构—区域经济协调系统匹配度

2. 财政支出结构与区域经济协调系统的匹配发展水平

按照式（6.10）算得财政支出结构与区域经济协调系统匹配发展水平如表 6-9 和图 6-5 所示。

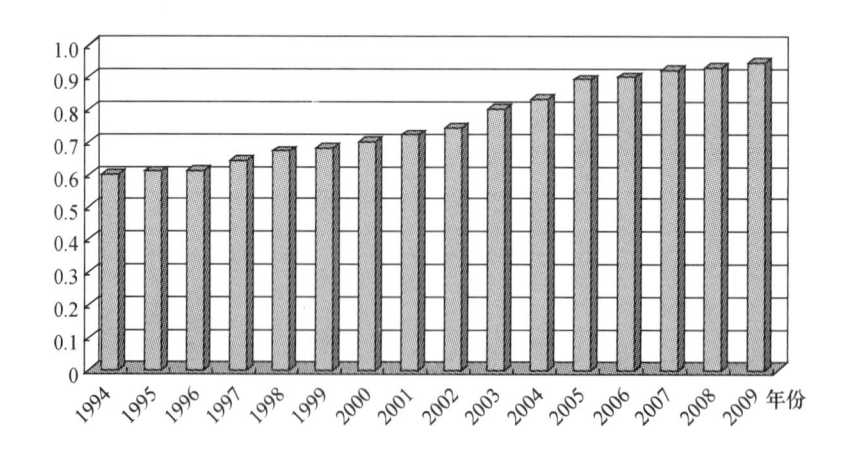

表 6-9　　　　财政支出结构—区域经济协调系统匹配发展水平

时间	1994	1995	1996	1997	1998	1999	2000	2001
匹配发展水平 $D(t)$	0.6012	0.6103	0.6121	0.6423	0.6723	0.6831	0.7013	0.7234
时间	2002	2003	2004	2005	2006	2007	2008	2009
匹配发展水平 $D(t)$	0.7431	0.8012	0.8346	0.8931	0.9011	0.9231	0.9312	0.9468

图 6-5 财政支出结构—区域经济协调系统匹配发展水平

从表6-9和图6-5中可以看出，我国财政支出体系与区域经济协调的匹配发展水平呈稳步上升趋势，从1994年的0.6012上升到2009年最高的0.9468。

3. 财政支出结构与区域经济协调系统的总体匹配发展趋势

按照式（6.12），并将1994年作为基准年算得财政支出结构与区域经济协调系统的总体匹配发展趋势如表6-10和图6-6所示。从表6-10及图6-6中可以看出，财政支出结构与区域经济协调系统的总体匹配发展趋势一直呈上升趋势。

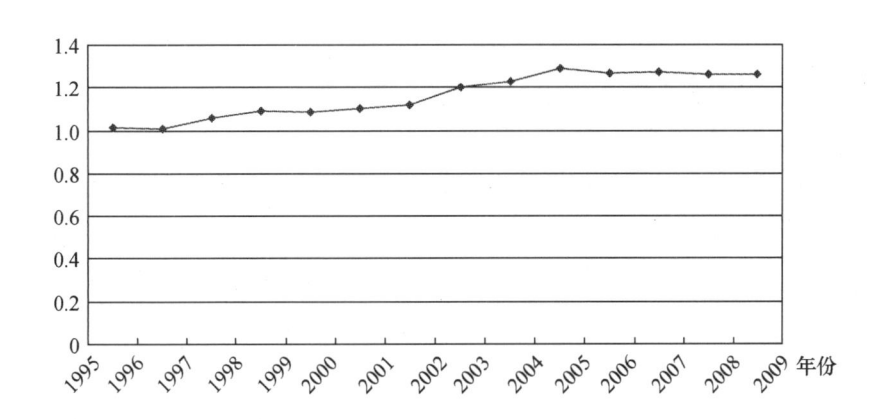

表6-10　　　　　　　总体匹配发展水平趋势指数

时间	1995	1996	1997	1998	1999	2000	2001
总体匹配发展水平趋势指数	1.0151	1.0105	1.0566	1.0906	1.0884	1.1011	1.1197
时间	2003	2004	2005	2006	2007	2008	2009
总体匹配发展水平趋势指数	1.2040	1.2291	1.2884	1.2695	1.2740	1.2605	1.2598

图6-6　总体匹配发展水平趋势指数

根据匹配发展水平、匹配发展趋势指数 $\delta(t)$ 及表6-4的分类标准，可判断出我国财政支出结构与区域经济协调系统1994—2009年匹配发展状况（见表6-11）。

三　财政支出结构与区域经济协调系统GM(1, N)模型分析

本节根据前文的论述，应用灰色系统GM（1，N）定量分析模型，分析我国1994—2009年财政支出结构与区域经济协调系统的匹配性，来判断在结构与数量方面各个不同时间段上两者是否匹配的情况。

表6-11 我国财政支出结构与区域经济协调系统发展类型判别

年份	$D(t)$	$\delta(t)$	$f(IS, t)$与$f(RS, t)$	类型判别
1995	0.6103	1.0151	$f(IS, t)<f(RS, t)$	初级匹配发展财政支出结构滞后增长型
1996	0.6121	1.0105	$f(IS, t)<f(RS, t)$	初级匹配发展财政支出结构滞后增长型
1997	0.6423	1.0566	$f(IS, t)<f(RS, t)$	初级匹配发展财政支出结构滞后增长型
1998	0.6723	1.0906	$f(IS, t)<f(RS, t)$	初级匹配发展财政支出结构滞后增长型
1999	0.6831	1.0884	$f(IS, t)<f(RS, t)$	初级匹配发展财政支出结构滞后增长型
2000	0.7013	1.1011	$f(IS, t)<f(RS, t)$	中级匹配发展财政支出结构滞后增长型
2001	0.7234	1.1197	$f(IS, t)<f(RS, t)$	中级匹配发展财政支出结构滞后增长型
2002	0.7431	1.1332	$f(IS, t)<f(RS, t)$	中级匹配发展财政支出结构滞后增长型
2003	0.8012	1.2040	$f(IS, t)<f(RS, t)$	良性匹配发展财政支出结构滞后增长型
2004	0.8346	1.2291	$f(IS, t)<f(RS, t)$	良性匹配发展财政支出结构滞后增长型
2005	0.8931	1.2884	$f(IS, t)<f(RS, t)$	良性匹配发展财政支出结构滞后增长型
2006	0.9011	1.2695	$f(IS, t)<f(RS, t)$	优质匹配发展财政支出结构滞后增长型
2007	0.9231	1.2740	$f(IS, t)<f(RS, t)$	优质匹配发展财政支出结构滞后增长型
2008	0.9312	1.2605	$f(IS, t)<f(RS, t)$	优质匹配发展财政支出结构滞后增长型
2009	0.9468	1.2598	$f(IS, t)<f(RS, t)$	优质匹配发展财政支出结构滞后增长型

我们令$X_1^{(0)}$、$X_2^{(0)}$分布为财政支出结构及区域经济协调系统综合发展水平，则

$$X_1^{(0)} = (0.4196 \quad 0.4207 \quad 0.4596 \quad 0.5149 \quad 0.5068 \quad 0.5342 \quad 0.5547$$
$$0.5754 \quad 0.5912 \quad 0.6123 \quad 0.6312 \quad 0.6348 \quad 0.6897 \quad 0.7234$$
$$0.7468 \quad 0.7901)$$

$$X_2^{(0)} = (0.6524 \quad 0.7051 \quad 0.7214 \quad 0.7012 \quad 0.7321 \quad 0.7126 \quad 0.7684$$
$$0.8245 \quad 0.8345 \quad 0.8674 \quad 0.8974 \quad 0.9132 \quad 0.9231 \quad 0.9514$$
$$0.9674 \quad 0.9733)$$

各个系统内部的自我发展能力，用系统自我发展系数（记为a）来表示，双系统间的匹配发展能力则用系统匹配发展系数（记为b）来表示，它反映系统之间是否在结构上存在匹配。

1. 财政支出结构对区域经济协调的匹配情况分析

应用灰色GM（1，2）匹配模型，令区域经济协调子系统的各指标综合值$X_2^{(0)}$为财政支出结构—区域经济协调系统的主行为变量，财政支出

第六章　财政支出结构与区域协调增长的双目标匹配分析 ·79·

结构 $X_1^{(1)}$ 为财政支出结构—区域经济协调系统的行为因子变量；其中 $X_1^{(1)}$ 为 $X_1^{(0)}$ 的一次累加值。根据 GM（1，2）匹配模型，我们可以用下式分析：

$(1+0.5a)X_2^{(0)}(t)+0.5aX_2^{(1)}(t-1)=b_1X_1^{(1)}(t)$

自我发展系数 a 及子系统间匹配发展系数 b 的计算过程如下：

首先对 $X_1^{(0)}$ 和 $X_2^{(0)}$ 做一次累加得：

$X_1^{(1)}=$ (0.4196　0.8403　1.2999　1.8148　2.3216　2.8558　3.4105
　　　　3.9859　4.5771　5.1894　5.8206　6.4554　7.1451　7.8685
　　　　8.6153　9.4054)

$X_2^{(1)}=$ (0.6524　1.3575　2.0789　2.7801　3.5122　4.2248　4.9932
　　　　5.8177　6.6522　7.5196　8.417　9.3302　10.2533　11.2047
　　　　12.1721　13.1454)

$Z_2^{(1)}=$ (1.0050　1.7182　2.4295　3.1462　3.8685　4.6090
　　　　5.4055　6.2350　7.0859　7.9683　8.8736　9.7918　10.7290
　　　　11.6884　12.6588)

则：

$$B=\begin{bmatrix}-Z_2^1(2),&X_1^1(2)\\M&,&M\\-Z_2^1(16),&X_1^1(16)\end{bmatrix}=\begin{bmatrix}-1.0050,&0.8403\\-1.7182,&1.2999\\-2.4295,&1.8148\\-3.1462,&2.3216\\-3.8685,&2.8558\\-4.6090,&3.4105\\-5.4055,&3.9859\\-6.2350,&4.5771\\-7.0859,&5.1894\\-7.9683,&5.8206\\-8.8736,&6.4554\\-9.7918,&7.1451\\-10.7290,&7.8685\\-11.6884,&8.6153\\-12.6588,&9.4054\end{bmatrix}$$

$Y=$ [0.7051　0.7214　0.7012　0.7321　0.7126　0.7684　0.8245

0.8345　0.8674　0.8974　0.9132　0.9231　0.9514　0.9674　0.9733]^T

$$B^TB = \begin{bmatrix} 824.3654 & -606.2211 \\ -606.2211 & 445.8357 \end{bmatrix}, (B^TB)^{-1} = \begin{bmatrix} 16.2361 & 22.0769 \\ 22.0769 & 30.0212 \end{bmatrix},$$

$$B^TY = \begin{bmatrix} -86.1882 \\ 63.4543 \end{bmatrix}$$

所以，$\begin{bmatrix} a_1 \\ b_1 \end{bmatrix} = (B^TB)^{-1}B^TY = \begin{bmatrix} -1.5129 \\ 2.1995 \end{bmatrix}$

分析结果表明：由于 $a_1 < 0$，表示区域经济协调系统有自我发展能力；$b_1 > 0$，财政支出结构对区域经济协调的发展起到促进作用，则二者的结构状态基本匹配。

2. 区域经济收敛对财政结构体系的匹配情况分析

我们可以按照同样的方法分析区域经济收敛对财政结构体系的匹配情况。经计算得到财政结构体系自我发展能力 a_2 及子系统间的匹配发展系数 b_2。即：

$a_2 = 0.9418$，$b_2 = 0.6969$。

因为 $a_2 > 0$，所以财政结构体系没有自我发展能力；$b_2 > 0$，区域经济收敛对财政结构体系发展起到正向推动作用，匹配状况较好。

四　双系统匹配实证结果分析

对我国 1994—2009 年双系统匹配发展状况评价表明：双系统的综合发展水平都在不断提高，但我国财政支出结构发展水平仍落后于区域经济协调的综合发展水平；财政支出结构—区域经济协调系统的匹配度和匹配发展水平也在不断提高；从 1994 年到 2009 年，我国一直属于财政支出结构滞后增长型，因此继续深入财政支出结构改革，推动财政支出结构合理、可持续发展非常必要。

灰色 GM（1，N）定量分析模型的分析结果显示，区域经济收敛系统有自我发展能力，并且财政结构体系对区域经济收敛发展起到促进作用；而财政结构体系没有自我发展能力，但区域经济收敛对财政结构体系的发展起到正向推动作用，双目标可以实现良性互动。事实上，区域经济收敛是一个复杂的巨系统，由于产业间的关联效应、波及效应及扩散效应等的作用，使得区域经济协调系统内部具有相互促进或相互制约的作用，因而它自身能够逐渐地由低级形态向高级形态不断发展，但其发展速度又与财政结构体系的合理性密切相关。但财政结构体系不但是区域经济收敛系统的一个重要的组成部分，同时也是区域经济收敛的有效保证。

上述结论证明了前文中关于市场和政府的关系中，区域发展系统可以自身趋于收敛增长，但需要财政支出政策的主导和影响的观点，同时，财政支出结构优化需要进行针对性机制设计，而区域协调发展系统也能促进财政支出结构优化，双系统互相促进，将能发挥协同效应。同时为后文解构财政支出，进行分类结构实证打下基础。

第五节 本章小结

本章在前述财政支出结构对区域协调增长应发挥主导作用的理论研究基础上，进一步实证分析双系统之间的作用关系及相互匹配程度。首先根据本书要解决的问题和达成的目标定义了双系统匹配发展的概念，在此基础上从双系统规模、结构和效益三个维度，通过指标筛选得到了分别衡量双系统优化的指标体系，计算了双系统的综合发展水平、匹配度、匹配发展水平、匹配发展趋势，并根据结果判断1994—2009年期间，双系统虽在趋势上接近相互优化匹配，但总体上财政支出结构系统滞后于区域协调增长的进度，说明目前区域协调中财政支出结构系统贡献较小。进而，运用灰色GM（1，N）模型的分析方法得到实证结果表明，财政支出结构体系无法自我完善，需要进行机制设计促进其结构优化，同时区域经济收敛对财政体系完善可起到正向推动作用。而区域收敛系统可以自身进行完善，但其发展速度与财政结构体系的合理性高度相关，财政结构体系表现为促进区域协调增长体系的发展，并构成区域协调增长的重要组成部分。双系统互为作用，协同实现双方目标。

第七章 基于区域协调增长的财政支出结构的多因素影响实证研究

前述研究表明，财政支出结构体系与区域协调增长系统确能相互促进，而现有的财政支出结构系统对区域协调未能起到足够大的贡献作用，二者尚未进入互相促进的良性循环。因此，发挥财政支出在区域协调中的作用，重视区域协调中的财政支出结构性因素，不仅有利于缩小区域差距，实现和谐目标，又能进一步从系统的自反馈作用中，最终实现财政支出结构本身的优化。因此，进一步解构财政支出体系中的结构性问题成为本章着重研究的问题。

如前文文献综述所述，对于财政支出结构与经济协调增长的系统性研究不够全面，按本书第五章中对财政支出结构的解构，本章将按财政支出的区域收入再分配职能结构（财政支出指标的省域关联）、资源配置职能结构（生产性、非生产性财政支出结构）、区域经济稳定职能结构（中央财政支出结构、地方财政支出结构）以及区域分权制度结构（中央与地方分权结构）四个方面实证分析区域协调目标下的财政支出的结构性影响。

第一节 分析背景及方法选择——空间与空间计量

一 区域问题的空间特性

人类的任何活动都是在时间和空间这两个维度上进行的，经济活动也是如此。利用经济数据研究往往涉及不同的时间和空间。以前的研究已经长期关注时间方面的因素，随着发现了空间因素和发明了空间的实证工具，空间经济理论兴起。一个空间单元上的一种经济特征或属性始终与相邻空间单元同一特征或属性相关联，构成一个区域整体的各地区在经济上

第七章　基于区域协调增长的财政支出结构的多因素影响实证研究 ·83·

具有较强的互补性和依赖性。而空间趋同性是区域空间特性中最重要的一个方面，它是指一个区域与其他相关区域进行物质、能量、人员交流的协调程度和收敛速度。空间协调性的高低，反映了不同区域间进行经济、文化、科技、社会等各方面接触与交流的机会和潜力。

图 7-1 和图 7-2 描绘了 1994 年与 2009[①] 年我国各省（市、区）GDP 发展平均水平的空间分布[②]（图中按 GDP 水平分为 4 个等级，其中 4th range 为最高，1st range 为最低）。

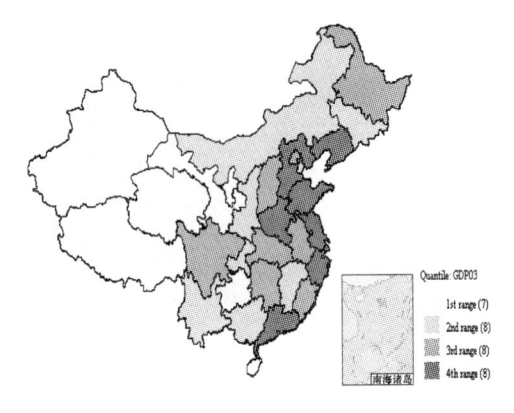

图 7-1　1994 年我国各省（市、区）经济发展状况分布

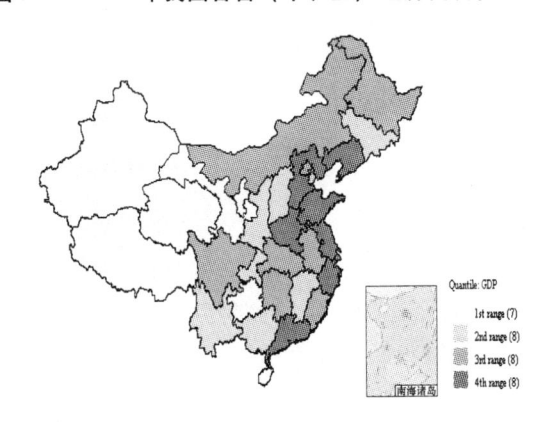

图 7-2　2009 年我国各省（市、区）经济发展状况分布

---

①　本章仍然延续前述章节，选取分税制改革后至今（1994—2009 年）这一时间阶段的财政支出结构与区域协调增长的关系进行分析，个别小节由于数据可得性的限制，会以较短的时间阶段为分析对象。

②　本部分数据都源于笔者自己的计算，其中各地区 GDP 数据来源于《中国统计年鉴》1995—2010 年，作图工具为 Geoda 095i。

二 空间计量方法的选择

经济问题采用经典计量经济学模型时，我们倾向于认为，该模型符合高斯—马尔可夫条件，即零均值、同方差、序列不相关的前提假设。如果我们处理的时间序列数据，甚至在序列相关性存在的情况下，也可以利用时间序列分析的方法加以解决，对此，经典计量经济学已经给出了很好的解释。但真正的经济数据往往需要在时间序列，甚至是在横截面数据或面板数据中进行研究。空间打破了经典计量经济学模型的基本假设条件，由于空间依赖关系的存在，样本彼此是不独立的。如果该分析方法的应用计量经济学包含空间数据的依赖关系，往往不能精确地描述这些数据的空间关系，并且因此可能导致各种各样的问题。如何恰当地描述经济问题和应用研究中的这种空间特性是很重要的。长期以来，主流经济学，如新古典经济学和新经济增长理论的标准假设空间是同质的，即假设位置的不同区域之间没有相关性。剥离空间因素讨论经济问题往往存在实体经济之间的很大的差异，所以我们非常有必要将空间因素纳入经济研究领域。

三 空间计量经济学原理

根据空间数据和空间计量经济学原理方法，空间计量分析中，我们将遵循以下步骤：首先，建立空间权重矩阵，运用空间统计分析测试被解释变量是否存在空间自相关；其次，如果空间相关性存在，那么进行模型对比检验，选择合适的空间经济计量模型进行实证分析。

1. 空间相关性检验

空间相关性检验的原则，有两种方式：一种是运用更多的 Moran's I 系数测试；另一种是 Geary's 比率检验。虽然这两种方法基本可以得到空间自相关性，并且在大多数情况下可以互相替代，但相对来说，Moran's I 从正态分布偏离不容易受到影响，所以本部分也运用 Moran's I 系数对中国各省（市、区）区域经济空间相关性进行测试。

在这之前，我们需要定义空间权重矩阵 W 的省域范围。空间权重矩阵的定义存在两种模式：相似矩阵和邻接矩阵。为不包括单位面积由于空间效应放大的差异，这部分使用 Anselin（2003）的 K 值描述的最接近的相似矩阵，根据我国省（市、区）地理分布特点本书 K 取值为 4。W 定义如下：

$$\begin{cases} 1 & \text{当 } i \text{ 地区与 } j \text{ 地区接壤时；} \\ 0 & \text{当 } i \text{ 地区与 } j \text{ 地区不接壤时；} \end{cases} \quad (7.1)$$

其中，$i = 1, 2, \cdots, n$；$j = 1, 2, \cdots, n$。

Moran's I 定义如下：

$$\text{Moran's I} = \frac{\sum_{i=1}^{n}\sum_{j=1}^{n} W_{ij}(x_i - \bar{x})(x_j - \bar{x})}{\sum_{i=1}^{n}\sum_{j=1}^{n} W_{ij} \cdot \sum_{i=1}^{n}(x_i - \bar{x})^2 / n} \tag{7.2}$$

其中，W_{ij}是一个任意的权重矩阵元素值的对偶空间，n表示总地区数，本书$n=31$，x_i，x_j分别对应i和j位置上的属性值。Moran's I系数范围是 -1 到 1 之间，1 表示各个区域有很强的正相关性，0 表示各区域间不存在相关性，-1 意味着各区域间存在负相关性。

Moran's I系数的期望值$E(I)$，方差值$Var(I)$，T值分别为：

$$E(I) = -1/(n-1) \tag{7.3}$$

$$Var(I) = \frac{(n^2 w_1 - n w_2 + 3 w_0^2)}{w_0^2(n^2 - 1)} - E^2(I) \tag{7.4}$$

$$T = [I - E(I)] / \sqrt{Var(I)} \tag{7.5}$$

式中，$w_0 = \sum_{i=1}^{n}\sum_{j=1}^{n} w_{ij}$，$w_1 = \frac{1}{2}\sum_{i=1}^{n}\sum_{j=1}^{n}(w_{ij} + w_{ji})^2$，$w_2 = \sum_{i=1}^{n}(w_{i.} + w_{.i})^2$，$w_{i.}$表示权值矩阵第$i$行之和，$w_{.i}$表示权值矩阵第$i$列之和。倘若$T$检验结果显著，且 Moran's I 系数不等于 0，则地区之间就存在明显的空间相关性。

需要说明的是，Moran's I 散点图是空间相关性检验分析的常用工具。Moran's I 散点图总共分为四个象限：第一象限代表了高增长区域由高指数增长领域（HH）所环绕；第二象限意味着更低的增长指标被高增长的其他地区环绕（LH）；第三象限意味着较低的区域增长被其他较低的增长区域所环绕（LL）；第四象限意味着环绕高增长区域的其他区域增长率较低（HL）。正的空间自相关关系存在于第一象限和第三象限，而第二象限和第四象限是负的空间自相关关系。如果所观察到的值中的四个象限均匀分布，则表明存在区域之间没有空间自相关关系。

2. 空间计量模型介绍

（1）Anselin（1988a）提供了一个通用模型进行空间计量分析：

$$\begin{aligned} y &= \rho W_1 y + X\beta + \varepsilon \\ \varepsilon &= \lambda W_2 \varepsilon + u \end{aligned} \tag{7.6}$$

且满足误差项$u \sim N(0, \Omega)$，误差协方差矩阵Ω对角元素为：

$$\Omega_{ij} = h_i(I\alpha) \qquad h_i > 0$$

式中，β为外生变量 X 矩阵的相关系数；ρ为$W_1 y$的$n \times 1$阶 SRC

（空间自回归系数），W_1y 为空间是解释变量的滞后项；ε 是扰动项，λ 是 $W_2\varepsilon$ 的 $n \times 1$ 阶 SRC，$W_2\varepsilon$ 为空间滞后变量扰动项；W_1、W_2 分别为 y 与扰动项 ε 的空间 $n \times n$ 权值矩阵。

（2）当 $\rho = 0$，$\lambda = 0$，$\alpha = 0$（P + 2 个限制），式（7.6）变为 OLS 模型。

（3）当 $\lambda = 0$，$\alpha = 0$（P + 1 个限制），式（7.6）变为空间滞后模型（Spatial Lag Model，SLM），判断是否存在空间和空间之间的相互作用的主要力量，和可能存在实质性的影响，主要是用于探索变量区域中，是否有扩散效应，其公式为：

$$y = \rho Wy + X\beta + \varepsilon \tag{7.7}$$

其中，空间滞后因素量 Wy 是一内生变量，反映了空间距离对区域行为的作用。

（4）当 $\rho = 0$，$\alpha = 0$（P + 1 个约束），式（7.6）变为空间误差模型（Spatial Error Model，SEM），用于回归空间相关影响：

$$y = X\beta + \varepsilon$$
$$\varepsilon = \lambda W\varepsilon + u \tag{7.8}$$

其中，λ 为 $n \times 1$ 阶的截面因变量向量的空间误差系数，测量样本中观测到的空间依赖效应，即在相邻的方向和区域观察到的影响。

由于传统的 OLS 回归将会导致无效或有偏，本部分的研究方法主要在 SLM 模型与 SEM 模型中进行选择。

3. 模型选择检验

因为这两种模型适用不同的条件，我们不能先验地确定究竟 SLM 和 SEM 哪一个更符合研究需要，所以我们需要测试选择的模型。有许多常用的测试方法，比如 Wald 检验、似然比检验（LR）、模型拟合试验 AIC、拉格朗日乘数检验（LM），本节将使用拉格朗日乘数检验：

$$LMERR = [e'We/(e'e/N)]^2/[tr(W^2 + W'W)] \tag{7.9}$$

$$LMLAG = [e'Wy/(e'e/N)]^2/D \tag{7.10}$$

其中，$D = [(WX\beta)'M(WX\beta)/\sigma^2] + tr(W^2 + W'W)$，$WX\beta$ 是 $X\beta$ 预测值的空间滞后，$M = I - X(X'X)^{-1}X'$。LMERR 检验和 LMLAG 检验都服从 $x^2(1)$ 分布。当 LMLAG 较 LMERR 显著时，那么正确的来源是更可能与空间丢失的空间滞后变量有关，选择空间滞后模型相关联；如果较不显著，选择空间误差模型进行检验（Anselin，2004）。本书在模型选择检验的基础上,为使实证结果更加具有说服力,将仍然同时报告两个模型的检验结果,进一步判断模型的相对优劣和说明实际问题,并对模型较为优化的一种进行分析和解释。

四 趋同模型及修正

式 (7.13) 为 Barro 和 Sala-i-Martin (1992) 提出的绝对 β 收敛回归模型,式 (7.14) 为在绝对 β 收敛回归模型基础上修正的条件收敛模型:

$$\frac{1}{T-t}\left[\ln\left(\frac{Y_{iT}}{Y_{it}}\right)\right] = \alpha + \beta \ln Y_{it} + \varepsilon$$

$$\beta = -\frac{(1-e^{-r(T-t)})}{T-t} \tag{7.11}$$

$$\frac{1}{T-t}\left[\ln\left(\frac{Y_{iT}}{Y_{it}}\right)\right] = \alpha + \beta \ln Y_{it} + AX_{it} + \varepsilon$$

$$\beta = -\frac{(1-e^{-r(T-t)})}{T-t} \tag{7.12}$$

Y_{iT} 和 Y_{it} 分别为期末和期初值。X_{it} 为测度区域稳态值的变量,A 为 X_{it} 对应的系数矩阵。$T-t$ 为样本时间长度。β 为收敛系数,如果 $\beta > 0$,则发展趋同;如果 $\beta < 0$,则不存在收敛。通过检验的空间分布及上面的分析,我们认识到各区域经济发展显著空间依赖性的存在。因此,我们不能用传统的 OLS 回归来估计,我们在将收敛引入空间回归模型的基础上,纠正其条件滞后,式 (7.11)、式 (7.12) 则变为:

$$\frac{1}{T-t}\left[\ln\left(\frac{Y_{iT}}{Y_{it}}\right)\right] = \alpha + \beta \ln Y_{it} + \rho W \ln\left(\frac{Y_{iT}}{Y_{it}}\right) + \varepsilon$$

$$\beta = -\frac{(1-e^{-r(T-t)})}{T-t} \tag{7.13}$$

$$\frac{1}{T-t}\left[\ln\left(\frac{Y_{iT}}{Y_{it}}\right)\right] = \alpha + \beta \ln Y_{it} + \rho W \ln\left(\frac{Y_{iT}}{Y_{it}}\right) + AX_{it} + \varepsilon$$

$$\beta = -\frac{(1-e^{-r(T-t)})}{T-t} \tag{7.14}$$

其中,ρ 为空间滞后系数,γ 为收敛速度。同理,在式 (7.11)、式 (7.12) 基础上考虑空间误差项:

$$\frac{1}{T-t}\left[\ln\left(\frac{Y_{iT}}{Y_{it}}\right)\right] = \alpha + \beta \ln Y_{it} + \varepsilon$$

$$\varepsilon = \lambda W \varepsilon + u \tag{7.15}$$

$$\frac{1}{T-t}\left[\ln\left(\frac{Y_{iT}}{Y_{it}}\right)\right] = \alpha + \beta \ln Y_{it} + AX_{it} + \varepsilon$$
$$\varepsilon = \lambda W\varepsilon + u \tag{7.16}$$

式中，λ 为空间误差滞后项，W 为空间权值矩阵。

在对以上修正后的空间收敛模型进行检验的基础上，得出基于实证结果的机制分析与原因解释。

第二节 省(市、区)财政支出结构与区域协调增长

一 统计指标定义

基于我国经济发展的特征以及限于数据可得性，本部分引入各省财政支出指标对1994—2009年间（除了香港特别行政区、澳门特别行政区和台湾地区）31个省（市、区）经济进行研究。

目前经济增长水平并没有一个统一指标，借鉴目前大多数文献使用的指标，本书使用人均GDP（PGDP）表示经济增长；公共财政支出比重（GGBZ），该指标本书采用公共财政支出占GDP比重来表示，研究表明公共财政支出占GDP比重不同，对地区经济影响也不同；公共财政支出增长率（GGZZ），该指标反映了地区财政增长速度，本书采用T+1年财政支出－T年财政支出/T年财政支出来表示；人均财政支出（RJCZ），该指标本书采用财政支出总额比上地区总人口数来表示；财政支出贡献率（CZGX），本书采用地区GDP增长率除以财政支出增长率表示，该指标在一定程度上反映了财政支出与地区经济间的关系；外部经济冲击（WBCJ），将主要体现出口经济开放在所有地区的程度，因此，国内生产总值中各省（市、区）出口总份额的比重被用来衡量外部经济冲击。

本部分所需数据均来源于1995—2010年《中国统计年鉴》、《中国劳动统计年鉴》、《中国财政年鉴》、《中国人口和就业统计年鉴》、《中国区域经济统计年鉴》和《新中国55年统计汇编》以及各省（市、区）相关统计年鉴，下文均相同。

表 7-1　　　　　　　　　　　　　指标列表

变量	指标缩写	指标量名称	公式
被解释变量	PGDP	人均 GDP	GDP/人口数
解释变量	PGDP₀	初始人均 GDP	初始 GDP/人口数
	GGBZ	公共财政支出占 GDP 比重	公共财政支出/GDP
	GGZZ	公共财政支出增长率	(T+1 年财政支出 – T 年财政支出)/T 年财政支出
	RJCZ	人均财政支出	财政支出/人口数
	CZGX	财政支出贡献率	GDP 增长率/财政支出增长率
	WBCJ	外部经济冲击	净出口/GDP
	ZYZF	各地区转移支付支出	

二　空间相关性检验

首先我们以 2009 年为例开始检验我国 31 个省（市、区）公共财政投入在地理位置上的空间相关性，由图 7-3 得：2009 年的 Moran's I 系数为 0.2726，并通过显著性检验，这表明在地理空间上我国各省（市、区）财政投入存在正相关关系（空间依赖性）。也就是说，公共财政投入大的省份地理上有彼此接近的趋向，同时公共财政投入较少的省域相对地趋于地域相邻，因此存在空间上明显的集聚（clustering）现象。

由图 7-4 可以看出，1994—2009 年我国各省（市、区）之间公共财政支出体系具有十分明显的正空间相关性，虽然在 1997 年、2001 年、2003 年、2005 年相对有所下滑，但总体上趋势是上升的，虽然 2008 年由于受到金融危机的冲击地区财政空间集聚性受到影响有所降低，但是到了 2009 年其空间集聚程度达到了最大。后节将不再进行相关性检验，在此空间相关性检验结果的基础上选择空间计量方法进行分析。

三　空间条件收敛分析

由上文可知，传统 OLS 估计无法体现区域间空间依赖的关系，因而，需要在条件 β 收敛回归模型基础上引入 SLM 与 SEM 模型项分别予以修正。其中，引入空间滞后项可得：

$$\frac{1}{T-t}\left[\ln\left(\frac{PGDP_{iT}}{PGDP_{it}}\right)\right] = \alpha + \beta \ln PGDP_{it} + \rho W \ln\left(\frac{PGDP_{iT}}{PGDP_{it}}\right) + a_{1t} GGBZ_{it} + a_{2t} GGZZ_{it} + a_{3t} RJCZ_{it} + a_{4t} CZGX_{it} + a_{5t} WBCJ_{it} + \varepsilon \quad (7.17)$$

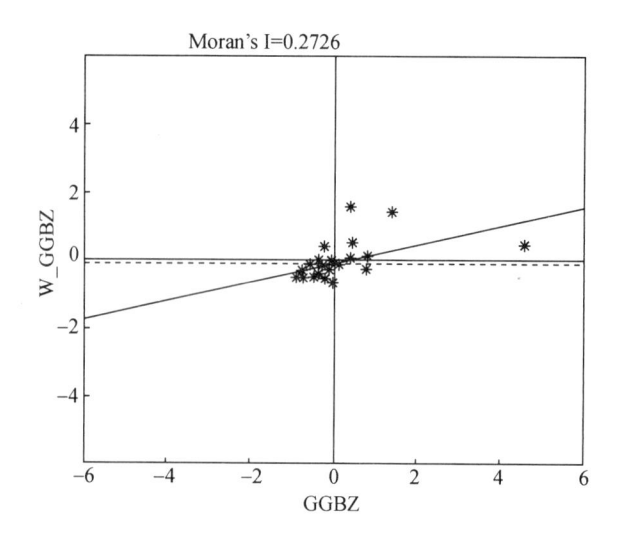

图 7-3　2009 年我国 31 个省（市、区）公共财政比重 Moran's I 指数散点图

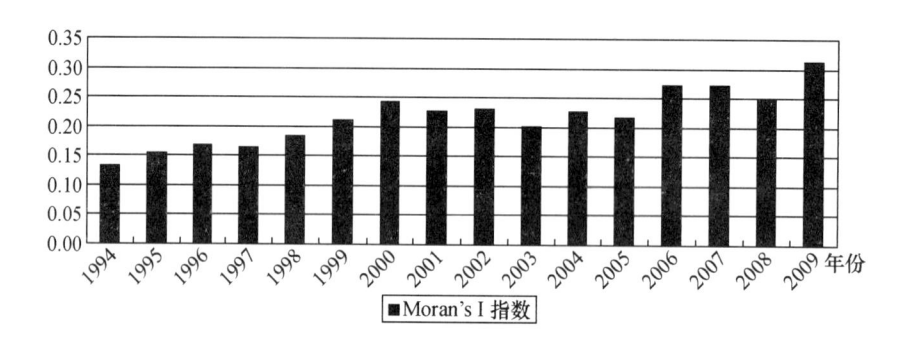

图 7-4　1994—2009 年我国 31 个省（市、区）公共财政比重 Moran's I 趋势图

式中，ρ 为空间滞后系数。同理引入空间误差项则变为：

$$\frac{1}{T-t}\left[\ln\left(\frac{PGDP_{iT}}{PGDP_{it}}\right)\right] = \alpha + \beta \ln PGDP_{it} + a_{1t}GGBZ_{it} + a_{2t}GGZZ_{it} + a_{3t}RJCZ_{it} + a_{4t}CZGX_{it} + a_{5t}WBCJ_{it} + \varepsilon$$

$$\varepsilon = \lambda W\varepsilon + u \tag{7.18}$$

式中，λ 为空间误差滞后项，在这里，本书将使用上述模型对 1994—2009 年财政支出结构与经济增长的收敛关系进行检验。

表7-2　　　　　　　1994—2009年空间条件收敛检验结果

指标	传统收敛检验结果 参数值	P值	SLM检验结果 参数值	P值	SEM检验结果 参数值	P值
α	0.3027	0.0000	0.2821	0.0000	0.3420	0.0000
β	-0.0603	0.0000	-0.0614	0.0000	-0.0648	0.0000
GGBZ	-0.1084	0.0118	-0.1180	0.0011	-0.0924	0.0004
GGZZ	0.0205	0.4719	0.0177	0.4646	0.0169	0.3908
RJCZ	0.0479	0.0000	0.0488	0.0000	0.0466	0.0000
CZGX	0.0140	0.0004	0.0142	0.0000	0.0140	0.0000
WBCJ	0.0059	0.7459	0.0094	0.5497	0.0197	0.1294
μ			0.1997	0.2508		
λ					0.5666	0.0003
R^2	0.7947		0.8026		0.8616	
Log L	92.6740		93.1308		97.4651	
收敛速度	0.1330		0.1399		0.1702	

由表7-2可以看出，传统和空间修正模型均显示出在1994—2009年全国年经济增长均存在明显收敛（P<0.01）。需要说明的是，从三个模型比较结果我们可以看出，传统OLS回归将相关因素对经济增长的作用有所放大，且显著程度也远小于空间计量回归，这也进一步证明传统OLS回归结果有所失真。另外，我国整体收敛速度为：OLS回归结果是0.1330，SLM回归结果为0.1399，SEM回归结果为0.1702，表明传统OLS分析结果低估了经济收敛的速度。

在财政支出变量中，公共财政支出占GDP的比重对经济收敛表现出显著的遏制性，公共财政支出增长指标未能通过显著性检验，说明我国高昂的公共财政支出规模阻碍了全国范围的经济收敛，过快的增长也未能起到促进作用，可能原因是财政支出的投向不合理，结构不优化，未能起到调节地区差距的杠杆作用。同时，结果显示：财政支出贡献率对经济收敛起到显著促进作用，这一结果具有较强的政策含义，伴随着财政支出产出效率的提高，更快地促进了经济的繁荣，使得国家干预地区差距的能力加强、空间变大，因此加快区域经济收敛的途径，是提高公共财政支出的使用及作用效率，优化结构，而非简单地增加规模。而人均财政支出表现出的显著促进区域经济收敛的趋势显示，财政支出对于区域协调增长的影响不能简单依靠总量，要考虑到区域人口因素，提高人均财政支出，努力促进公共服务均等化，才能在更深层次上有利于区域协调增长。

表7-3 1994—2009年空间俱乐部条件收敛SEM分析结果

参数	东部地区 统计值	P值	中部地区 统计值	P值	西部地区 统计值	P值
α	0.0791	0.3474	-3.9762	0.0000	0.2533	0.0064
β	-0.0011	0.9058	1.1768	0.0000	-0.0571	0.0000
GGBZ	-0.4082	0.2889	13.5365	0.0000	-0.1075	0.1293
GGZZ	0.0023	0.9372	-0.3635	0.0000	-0.0302	0.5629
RJCZ	0.0115	0.3208	-1.1567	0.0000	0.0533	0.0006
CZGX	0.0086	0.3403	0.0049	0.0000	0.0104	0.2601
WBCJ	-0.0134	0.6250	-0.6321	0.0000	0.0574	0.7349
λ	6.3666	0.0000	4.6085	0.0000	0.0945	0.8079
收敛速度	0.0011		-0.2043		0.1145	

表7-3为1994—2009年我国东、中、西部三地区空间俱乐部收敛结果。研究结果显示：1994—2009年我国东部地区既不呈现明显收敛，也不呈现明显发散，同时各项影响因素指标也均未能通过显著性检验。从统计学意义上东部各省的财政支出指标没有构成区域内收敛机制，东部地区内部的收敛或发散是否以市场行为为主导力量有待进一步检验。1994—2009年我国中部地区经济发展则呈现明显发散趋势，发散速度为0.2043，虽然公共财政比重与财政贡献对经济发展收敛起到显著促进作用，但是其他指标如公共增长、人均财政支出、外部冲击则表现为明显遏制经济趋同发展。这一时期，我国西部地区经济发展以0.1145的收敛速度呈现出显著收敛性，但是财政体系影响因素指标中仅有人均财政支出表现为显著的促进收敛。可以看出，中部地区目前在控制变量为以上几个指标的条件下，未出现显著收敛趋势，西部地区尽管出现显著收敛性，但财政支出指标也大多未能通过显著性检验。中西部省区内部未能由于财政支出的作用出现俱乐部收敛，或对俱乐部收敛作用不显著，可能的原因是中西部省区的财政支出结构中，区域间的空间溢出效应较小，大量公共财政支出投入

到重点地区或重点行业，但是未能形成以点带面的关联效应。

四　区域财政转移支付与区域协调增长

需要强调的是，近几年来关于财政支出规模，尤其是政府购买、转移性支付和经济增长之间关系的规范式研究层出不穷。政府购买和财政转移性支付虽然都属于政府财政支出行为，但是两者也有明显不同：购买性支出直接表现为政府购买商品和服务的活动，包括消费性支出和投资性支出；而转移支付不涉及商品的交换，属于非市场性收入分配调节工具，直接执行财政的再次分配职能。基于财政转移支付具有的直接收入分配职能，本节研究我国省（市、区）间财政转移支付支出对地区经济收敛增长的作用和影响。

基于财政转移支付特点，同时在考虑数据可得性的前提下，本部分以1994—2009年作为时间样本，对我国31个省（市、区）财政支出中各区域转移支付支出与区域经济增长收敛性关系进行分析。本部分所需数据均来源于前述统计年鉴。具体参见表7-4。

表7-4　　　　　　　　各项变量定义

变量	变量代号	具体指标	单位
被解释变量	GDP	地区GDP	亿元
解释变量	ZYZF	转移支付	亿元

本部分选用地区GDP指标作为地区经济增长的宏观经济变量，并以地区转移支付作为解释变量分析其对地区经济收敛的影响。

为了对我国31个省（市、区）财政转移支付对区域经济增长收敛性进行研究，本部分采用空间修正条件收敛模型进行分析。

首先构建财政转移支付与区域经济增长收敛模型：

$$\frac{1}{T-t}\left[\ln\left(\frac{GDP_{iT}}{GDP_{it}}\right)\right] = \alpha + \beta \ln GDP_{it} + \rho W \ln\left(\frac{GDP_{iT}}{GDP_{it}}\right) + a_{1t} \ln ZYZF + \varepsilon_{it}$$

(7.19)

式（7.19）为财政转移支付支出空间滞后模型，其中 ρ 为空间滞后系数，W 为空间权值矩阵，$ZYZF$ 为财政转移支付，下标 i 代表省（市、区），下标 t 代表时间。

$$\frac{1}{T-t}\left[\ln\left(\frac{GDP_{iT}}{GDP_{it}}\right)\right] = \alpha + \beta \ln GDP_{it} + a_{1t} \ln ZYZF + \varepsilon_{it}$$

$$\varepsilon = \lambda W\varepsilon + u \tag{7.20}$$

式 (7.20) 为财政转移支付支出空间误差模型,式中 λ 为空间误差滞后项, W 为空间权值矩阵,其余指标同上式。拉格朗日乘子检验结果如表 7-5 所示。

表 7-5　　　　　　　　　　LM 检验结果

空间相关性检验	MI/DF	统计值	P 值
LMLAG	1	3.1371	0.0427
R - LMLAG	1	5.1270	0.0169
LMERR	1	1.2766	0.3722
R - LMERR	1	2.8903	0.0787

拉格朗日乘子检验结果显示:LMLAG 和 R - LMLAG 的统计值均大于 LMERR 和 R - LMERR, 且均通过 5% 显著性检验,证明使用空间滞后模型进行回归分析将会比使用空间误差模型更加有效。下面本部分将运用 Geoda 软件对 1994—2009 年财政转移支付与经济协调增长趋势进行分析。

表 7-6　1994—2009 年财政转移支付与地区经济发展空间收敛结果

参数	东部地区 统计值	P 值	中部地区 统计值	P 值	西部地区 统计值	P 值	全国 统计值	P 值
α	0.0926	0.2292	0.2893	0.0100	0.2340	0.0008	0.1335	0.0003
β	0.0171	0.0166	-0.0116	0.0368	-0.0121	0.0149	-0.0111	0.0680
ZYZF	-0.0013	0.0370	0.0008	0.0690	0.0021	0.0013	0.0005	0.0947
空间滞后项	22.6422	0.0000	16.6077	0.0000	14.4086	0.0000	14.5140	0.0000
收敛速度	-0.0151		0.0128		0.0135		0.0122	

表 7-6 为 1994—2009 年我国区域间转移支付与经济增长空间俱乐部收敛结果。研究表明:三大地区之间,整体上 1994—2009 年我国财政转移支付显著促进地区经济收敛性增长,收敛速度为 0.0122;从地区内角度来看,1994—2009 年东部地区财政转移支付与经济增长之间呈现明显的趋异,趋异速度为 0.0151, 其中财政转移支付表现出对区域经济收敛

发展较为显著的遏制作用；中部地区在 1994—2009 年财政转移支付与经济增长之间呈现出明显的收敛发展模式，趋同速度为 0.0128，其中财政转移支付对地区经济增长趋同起到显著促进作用；同样，在考察期间西部地区财政转移支付与经济增长之间也呈现出明显的收敛发展模式，趋同速度为 0.0135。另外，空间滞后项均通过了 1% 显著性检验表明，我国财政转移支付的地区性结构较为优化，从三大地区间及各地区内部，财政转移支付都起到了显著促进经济收敛的作用。财政转移支付与地区经济发展形成的这一特殊空间集聚模式有利于经济收敛的形成和发展，这是一种非常有效的促进区域协调增长的途径及政策。

五 广义财政支出——预算外财政支出与区域协调增长的关系

牛淑珍（2009）的定义指出：在我国，由于存在预算外资金，所以财政支出的概念也就有狭义与广义之分：狭义的财政支出仅指预算内支出；广义的财政支出则包括预算内支出和预算外支出。根据相关学者的意见，本节讨论广义的财政支出中的预算外支出对区域协调增长的影响。

据官方统计指标解释，预算外资金是指：国家机关、事业单位和社会团体为履行代行政府职能，依照国家法律，法规和具有法律效力的规章，收集、提取和安排使用的未列入各种财政性资金的国家预算管理的财政资金。从 1997 年起，预算外统计口径收窄，不再包括国家预算基金的上缴金额，使预算外可比性受到损害，因此，我们选用 1997 年以后的数据作为分析广义财政支出的数据，本部分所需数据均来源于前述所列举统计年鉴。

表 7-7　　　　　　　拉格朗日乘子检验（全国）

TEST	MI/DF	VALUE
LMLAG	1	0.021791
R - LMLAG	1	1.017998
LMERR	1	0.159509
R - LMERR	1	1.155716

以上数据检验结果显示，LMERR 值及 R - LMERR 值分别为 0.1595 和 1.1557 均要高于 LMLAG 值和 R - LMLAG 值，表明在研究预算外财政支出对区域经济增长收敛问题时，采用修正条件空间误差收敛模型更为有效。据此，进行实证回归检验。

表7-8　　　　　预算外财政支出全国收敛计量结果

指标	OLS				SEM			
	系数	方差	T值	P值	系数	方差	T值	P值
CONSTANT	0.1998	0.0454	4.3957	0.0001	0.1998	0.0454	4.3957	0.0001
β	-0.0100	0.0136	-0.7328	0.4698	-0.0100	0.0136	-0.7328	0.4698
YSWZ	0.0047	0.0136	0.3474	0.7309	0.0047	0.0136	0.3474	0.7309
ρ					0.1041	0.2420	0.4304	0.6669
Log-likelihood					84.4464			

表7-8中数据显示，不管是传统OLS回归模型，还是SEM修正模型，都得出了作用不显著的结果，全国范围内经济增长在考虑预算外支出为解释变量的条件下，没有出现趋同或趋异的现象，预算外支出不构成全国范围内的区域经济收敛的影响因素。

同理，我们也用两种方法从东中西部地区的俱乐部收敛视角考察了预算外财政支出对东中西部地区各自内部经济增长收敛的影响，计量分析结果如表7-9所示。

表7-9　　　预算外财政支出对东部地区俱乐部收敛计量结果

指标	东部			
	OLS		SEM	
	系数	P值	系数	P值
CONSTANT	0.1713	0.0109	0.1607	0.0003
β	-0.0107	0.4801	-0.0073	0.5452
YSWZ	0.0125	0.4507	0.0093	0.4846
ρ	—		—	
λ			0.4571	0.1025
Log-likelihood	32.8984		33.4789	
LMLAG	0.3892			
R-LMLAG	0.6664			
LMERR	0.5559			
R-LMERR	0.8331			

表7-10　预算外财政支出对中部地区俱乐部收敛计量结果

指标	中部 OLS 系数	OLS P值	SEM 系数	SEM P值
CONSTANT	0.2985	0.0302	0.3636	0.0001
β	-0.0379	0.2245	-0.0308	0.1215
YSWZ	0.0285	0.4928	0.0234	0.3940
ρ	—	—	-0.6947	0.2444
λ	—	—		
Log-likelihood	24.7195		25.4659	
LMLAG	0.3804			
R-LMLAG	1.8567			
LMERR	0.0716			
R-LMERR	1.5480			

表7-11　预算外财政支出对西部地区俱乐部收敛计量结果

指标	西部 OLS 系数	OLS P值	SEM 系数	SEM P值
CONSTANT	0.1039	0.6364	0.2312	0.1848
β	0.0195	0.7584	0.0156	0.7333
YSWZ	-0.0231	0.6877	-0.0184	0.6564
ρ			-0.7992	0.0611
λ				
Log-likelihood	31.3467		32.5636	
LMLAG	1.0423			
R-LMLAG	0.0315			
LMERR	1.0127			
R-LMERR	0.0019			

由上述三个表中数据检验可以看出，检验结果不理想，预算外支出对三大区域内经济增长收敛作用均未能通过显著性检验。这表明，尽管预算外支出规模占预算内支出规模比例逐年攀高，但总体来看，中央财政预算

外资金管理薄弱，从征收到支付要受到比预算内资金更多的中央政府无法控制的因素的影响，甚至受非经济因素的约束（夏一丹，2007）。同时，平新乔（2007）指出：按现有统计口径计算的"预算外"收入与支出，仅仅是地方政府预算以外财政收入的一部分。它只是国家法律允许的地方政府的非税收入，其中主要是行政事业收费与政府基金收入。因此，可以认为，从数据上看，由于现有预算外统计数据无法完全真实地反映地方政府预算外财政支出的全部情况，导致回归结果可能与现实情况存在差异的问题。另外，从预算外支出作用于区域经济增长的机制来看，正如夏一丹（2007）所说，预算外资金大多由地方政府控制，因此更多地受到地方政府利益动机的驱动，且更多地服务于本省（市、区）经济增长，很难将本区域预算外支出用于跨区域的区域协调增长，从这个意义上来说，预算外支出难以对区域协调增长起到促进作用。

六 省（市、区）财政支出结构问题及原因分析

根据上述实证分析，下面按不同地域范围的财政支出指标对促进或遏制区域协调增长作用的原因进行分析。

1. 全国范围——总量指标产生挤出效应，效率指标效果明显

全国范围内公共财政支出占 GDP 比重和公共财政支出增长率不构成全国性收敛的动力，促进收敛的财政支出指标为人均财政支出、财政支出和转移支付。可能的原因是前两者反映的是财政政策的宏观取向，即由于积极的宏观财政政策将会导致这两个指标增长，然而，积极的财政政策会产生"挤出效应"，从而使得民间区域协调增长的投资被抑制，导致出现反向的结果。而人均财政支出的促进作用，则体现在政府对民生性需求的财政支出确实是将实惠带给了普通大众，结合转移支付也促进了区域协调可以看出，国家的公共服务均等化财政支出政策和西部大开发、中部崛起等财政支出政策收到了较好的效果，有效地拉动了区域协调增长。而财政支出贡献率的促进机制则表现为财政支出在效率的提高和对经济增长的贡献上，有力地促进了落后地区的经济增长，使得总量的提高不如效率的改善更能精准地促进区域协调增长。

2. 东部地区——财政支出区域内协调导向较弱

东部地区的财政支出指标都未能显著对东部地区内部的收敛起到促进作用。可能的原因为东部地区的财政支出政策在区域内协调增长调控职能上的缺位。由于东部沿海地区是改革开放市场经济的试验田，在市场化机

制建设方面走在了全国前列，而财政支出职能的转变也走在了全国前列，更多的时候，东部的财政支出政策让位于市场，让市场机制在资源配置中占据了绝对主导的地位。这样的财政支出导向确实能够起到促进区域内经济加速增长的作用，但从区域内协调增长这一视角来看，则政府未能发挥应有的职能。省（市、区）间转移支付相反起到了的遏制作用，在于东部地区各省（市、区）都有很强的谈判能力，因此对转移支付的导向起到了影响和干预的作用，导致转移支付在东部地区内部未能起到平衡区域增长的作用。

3. 中部地区——偏重基础设施支出，转移支付支出较为成功

中部地区促进区域内协调的财政支出指标为公共财政支出占 GDP 比重，第一个可能的原因是积极的扩张性的财政支出政策在中部地区产生了普惠的作用，公共财政支出在中部地区的扩大被更多地作用于基础设施的建设和改善，这有效地平衡了区域内的经济增长；第二个可能的原因是对收敛起促进作用的指标为财政支出贡献率，这说明了财政支出与 GDP 的联动关系对中部地区区域协调起到了促进作用，有效地刺激了落后地区经济的增长；第三个可能的原因是对收敛起作用的是转移支付，可以推测中部地区内部的转移支付政策是较为成功的，需要进一步制度化。未能对中部地区区域协调增长起到促进作用的因素包括公共财政支出增长率和人均财政支出，结合两个指标的表现，判断可能的原因是中部地区的财政支出的增长更多地投入于基础设施的建设，较少投入于区域内公共服务均等化的提供，所以区域协调才会呈现出和 GDP 有较大的波动关系，而和单纯财政支出的增长没有构成正相关关系。

4. 西部地区——财政造血功能仍然不足，转移支付支出效果明显

西部地区仅有人均财政支出指标和转移支付指标促进了区域内经济协调增长。体现了与 GDP 关系的财政支出指标均出现不显著的结果，这表明由于西部地区财政支出总量的增加并没有改变西部地区总体经济规模小的现状，西部地区仍然处于较为贫困和落后状态，财政支出对培育经济增长发动机的作用有限。人均财政支出的增加带来了区域收敛的趋势，转移支付也明显促进了区域收敛，这一现象跟国家对西部大开发政策的实施外溢效果有关，也是西部各省（市、区）发挥财政调控职能，配套国家政策，围绕国家西部大开发政策指向开展区域协调取得良好效果的表现。因此也从侧面证明了国家西部大开发政策的导向作用是明显的、有效的。

第三节 生产性财政支出、非生产性财政支出结构与区域协调增长

政府的作用是解释持久而广泛的人均收入和经济增长率跨国差异的根源之一，尤其是在很多学者看来，政府支出通过在基础设施等方面的公共投资形成的公共资本是除了人力资本和技术进步等因素以外，可以影响经济发展的一个不可忽视的因素（左大培、杨春学，2007）。本书在 Arrow 和 Kurz（1970）以及 Barro（1990）、Devarajan（1996）等对公共支出的分类基础上，将财政支出分为生产性财政支出、非生产性财政支出，其中生产性财政支出即公共资本，其功能是国民经济增长的基础生产要素，直接影响到区域协调增长；非生产性财政支出包括科教文卫、行政管理费用、财政补贴、福利支出等费用，其功能是实现国家宏观管理的各项职能，间接对区域增长和收敛发挥调节作用。

一 区域公共资本存量测算

公共资本是指公共固定资产的形成，是指政府投资的公共资本，在市场经济条件下，往往表现为公共财政投资建成的基础设施和公共部门投资的资金投入，如公路、机场、供水、供电、供气和电信行业等固定资产的形成。它在国家经济发展中扮演着非常重要的角色。

在市场经济下，虽然经济增长主要是由于私营部门的增长，但公共部门投资的公共资本形成也对经济增长产生了影响。有些人质疑公有资本的说法：他们认为货币才是资本增值的源头。但是，从经济角度来看，考虑到资金投入的经济资本的形成过程及结果，只要能够增加社会经济总资本，并通过建筑物、设备、工具的建设和构造，形成对能源、要素的需求，并变为有效的产出能力，可提供社会化及市场化的产品及劳务，则这样的公共行为可以被认为是投资性行为。

在国内学术界已经有了许多对我国固定资本存量测算的研究，但是对于公共资本存量进行测算的还较少。因此，本部分借鉴 Goldsmith 于 1951 年开创的永续盘存法来进行测算，其算法为：

$$K_{it} = K_{it-1}(1 - \delta_{it}) + I_{it} \qquad (7.21)$$

其中，K_{it} 表示第 t 年 i 省区公共投资存量，I_t 表示第 t 年的公共投资

流量，δ_t 表示第 t 年的折旧率。根据定义，公共资本和私人资本都是固定资本投入的一部分，因此本部分定义公共资本等于固定资本投入减去非国有经济固定资本投入。

公共资本存量的估算，按照现行的有关文献所依据的思路分析，按以下四个步骤执行，讨论也围绕以下四个方面展开：

1. 基期资本存量的确定

如在永续盘存法的意义上，选择的基期越早，则资本存量估计误差的基础在随后几年的影响就较小。杨格（Young，2000）认为，如果时间跨度够长使得初始年份的资本存量的数据都显得不太重要了，则任何一种假设的方法都是可取的。因此，考虑到数据的可用性和可比性的类似的研究，我们使用的基期为 1994 年，并以 1994 年不变价格计算不变价设定。在资本初始存量的估算上，我们可参照杨格（Young，2000）、张军和章元（2003）对基期固定资本存量的推算来估算公共资本存量，因此，在本部分中我们选用他们的估算比例即用各省（市、区）1994 年的公共资本形成除以 10%，作为各省市区的初始公共资本存量。

2. 当年资本流量新增值的估算

已有研究新增投资的估算方法主要有积累法、全社会固定资本投资估算法、固定资本形成总额法。由于我国自 1993 年启用的 SNA 国民经济核算体系不再发布积累数值，故无法应用积累法。全社会固定资本投资额是我国统计特有的一种指标，也面临无法和现有 SNA 核算体系相匹配的问题，因此也不能考虑。本书沿用近期大多数研究采用的固定资本形成总额法，采用各年公共资本形成总额数据，如当年基本建设拨款、企业挖潜改造等公共投资数据。

3. 投资价格指数的估算

由于价格变动的影响，每年的投资价值没有可比性。因此，我们在资本存量永续盘存法的计算使用时，必须要转换成不变价值，计算每项投资的平减物价指数。何枫等（2003）、龚六堂和谢丹阳（2004）、王和姚（Wang and Yao，2001）以及张军等（2004）计算了 1952 年至 2000 年的固定资产投资价格指数，其方法为：

$$\text{某年的固定资本形成总额指数}(1994=1) = \frac{\text{某年固定资本形成总额(当年价)}}{1978\text{ 年固定资本形成总额}(1994\text{ 年价}) \times \text{某年固定资本形成指数}} \quad (7.22)$$

由于公共资本与固定投资具有相类似的资本投资属性,因此本部分直接引入现有固定资本价格指数来代替公共资本指数。对 1994—2009 年固定资本形成指数,我们可直接引用现有数据(雷辉,2009),表 7-12 为 1994—2009 年我国公共资产投资价格指数。

表 7-12　　　　1994—2009 年我国公共资本投资价格指数

年份	投资价格指数	年份	投资价格指数
1994	3.2550	2002	3.6850
1995	3.4470	2003	3.7660
1996	3.5840	2004	3.9760
1997	3.6450	2005	4.0400
1998	3.6370	2006	4.1010
1999	3.6230	2007	4.2610
2000	3.6630	2008	4.3213
2001	3.6770	2009	4.4982

4. 折旧率的选取

为了能与永续盘存法的含义基本一致,按照资本货物几何递减假设,我们采用代表本节中的几何效率的折旧余额递减法(乔根森,2001)来进行估算:

$$d_x = (1-\delta)^\tau \tag{7.23}$$

其中,d_x 代表新旧资本品的比较相对生产率;δ 为折旧率;τ 为折旧期限。

根据上述讨论,利用式(7.21)、式(7.23),对 1994—2009 年我国公共资本存量的估算结果如表 7-13 所示。

二　生产性财政支出、非生产性财政支出结构对区域协调增长的影响

本部分以 1994—2009 年作为时间样本,选取了我国 31 个省(市、区)作为空间样本来进行分析,以求从中得出一定的规律性结论。为了从生产性、非生产性两个角度分析公共财政支出不同部分对经济增长的作用,本部分将财政支出体系分为非生产性财政支出与生产性财政支出两部分。在前述对公共资本存量测算的基础上,分别以非生产性财政支出及生产性财政支出(公共资本)及初始地区 GDP 作为解释变量,检验区域的

第七章　基于区域协调增长的财政支出结构的多因素影响实证研究

表7-13　　　　1994—2009年我国公共资本存量估算结果

单位：亿元

年份	公共资本存量	年份	公共资本存量
1994	13569.81	2002	27866.08
1995	15035.86	2003	30497.57
1996	16503.90	2004	33423.78
1997	18059.93	2005	36414.15
1998	20076.26	2006	40016.62
1999	22089.83	2007	44347.28
2000	23983.42	2008	46241.87
2001	25905.07	2009	51282.98

注：对于缺失数据，本部分采用拟合逐差法进行修正。

条件趋同的存在及结构性影响因素。其中，非生产性支出包括行政管理费用、科教文卫费用、财政补贴费用、支农费用、社会福利费用的总和；生产性财政支出即为公共资本存量。

表7-14　　　　　　　　各项变量定义

变量	变量代号		变量名称	单位
被解释变量	GDP		地区GDP	亿元
解释变量	非生产性财政支出	FSCZ	财政支出——行政管理费用	亿元
			财政支出——科教文卫费用	亿元
			财政支出——财政补贴费用	亿元
			财政支出——支农费用	亿元
			财政支出——社会福利费用	亿元
	生产性财政支出	SCCZ	财政支出——公共资本存量	亿元

注：非生产性财政支出指标体系中：科教文卫费用包括科技、教育、卫生、文化四部分财政支出；社会福利费用包括社会救济和社会保障两部分。生产性财政支出指标包括公共资本存量指标即为前文所计算的各省存量数据。

式（7.24）为非生产性财政支出体系修正空间滞后条件趋同模型，其中 ρ 为空间滞后系数，W 为空间权值矩阵。

$$\frac{1}{T-t}\left[\ln\left(\frac{GDP_{iT}}{GDP_{it}}\right)\right] = \alpha + \beta\ln GDP_{it} + \rho W\ln\left(\frac{GDP_{iT}}{GDP_{it}}\right) + a_{it}FSCZ_{it} + \varepsilon \quad (7.24)$$

在式（7.24）中引入空间误差项则变为非生产性财政支出体系修正空间误差条件趋同模型（7.25），式中 λ 为空间误差滞后项。

$$\frac{1}{T-t}\left[\ln\left(\frac{GDP_{iT}}{GDP_{it}}\right)\right] = \alpha + \beta\ln GDP_{it} + a_{it}FSCZ_{it} + \varepsilon$$

$$\varepsilon = \lambda W\varepsilon + u \quad (7.25)$$

式（7.26）为生产性财政支出体系修正空间误差条件趋同模型。

$$\frac{1}{T-t}\left[\ln\left(\frac{GDP_{iT}}{GDP_{it}}\right)\right] = \alpha + \beta\ln GDP_{it} + \rho W\ln\left(\frac{GDP_{iT}}{GDP_{it}}\right) + a_{it}SCCZ_{it} + \varepsilon \quad (7.26)$$

式（7.27）为生产性财政支出体系修正空间滞后条件趋同模型。

$$\frac{1}{T-t}\left[\ln\left(\frac{GDP_{iT}}{GDP_{it}}\right)\right] = \alpha + \beta\ln GDP_{it} + a_{it}SCCZ_{it} + \varepsilon$$

$$\varepsilon = \lambda W\varepsilon + u \quad (7.27)$$

下面我们将运用修正条件 β 收敛模型对 1994—2009 年生产性及非生产性财政支出与经济增长收敛趋势进行分析。首先进行拉格朗日乘子检验，结果见表 7-15：

表 7-15　　　　　　空间修正 Tobit 模型拉格朗日乘子检验

空间依赖性检验	LMLAG	R-LMLAG	LMERR	R-LMERR
非生产性财政支出检验	3.7686	4.5127	0.1326	0.8768
生产性财政支出检验	0.2291	0.6562	3.2809	4.8538

由表 7-15 可以得出：对于非生产性财政支出，由于 LMLAG 值、R-LMLAG 值均高于 LMERR 值、R-LMERR 值，因此在进行非生产性财政支出空间条件收敛分析时使用空间滞后模型优于空间误差模型；反之可以得出，使用空间误差模型来进行生产性财政支出空间条件收敛分析，要优于空间滞后模型。在检验结果中，我们仍然报告两种模型的结果，以期从多角度判断财政支出结构因素对区域增长收敛的影响。接下来进行非生产性财政支出的收敛检验。

表 7-16　1994—2009 年非生产性财政支出空间条件收敛结果

参数	标准收敛模型 统计值	P 值	SLM 修正模型 统计值	P 值	SEM 修正模型 统计值	P 值
α	0.1508	0	0.147	0.0003	0.15	0
β	0.0088	0.2619	0.0088	0.19	0.0086	0.1997
FSCZ	0.0036	0.8048	0.0086	0.0571	0.0091	0.0522
ρ			0.4997	0.0008		
λ					0.5753	0.0001
R^2	0.1664		0.1672		0.1677	
Log L	92.0336		92.0439		92.0493	
收敛速度	—		—		—	

由表 7-16 可以看出，无论是传统收敛模型还是修正后的空间收敛模型均显示：全国范围内 1994—2009 年非生产性财政支出并不构成区域经济增长收敛的影响因素。这一结果意味着我国非生产性财政支出指标尚未构成区域间收敛机制。下面进行非生产性财政支出空间俱乐部收敛检验。

表 7-17　1994—2009 年非生产性财政支出空间俱乐部收敛结果

参数	东部地区 统计值	P 值	中部地区 统计值	P 值	西部地区 统计值	P 值
α	0.1221	0.0135	0.4095	0	0.2416	0
β	0.0109	0.0792	-0.0428	0.0001	-0.0107	0.0934
FSCZ	-0.0172	0.0001	0.0045	0	0.0089	0.0027
空间滞后项	0.8303	0.0002	0.2185	0.6895	0.8533	0.045
收敛速度	-0.0102		0.0654		0.0116	

表 7-17 的空间俱乐部收敛结果表明：相较于整体非生产性财政支出空间收敛分析结果，俱乐部分析结果相对比较理想。受非生产性财政支出影响，虽然不同地区收敛或趋异趋势不尽相同，但非生产性财政支出影响对收敛的形成产生正面的影响：

1994—2009 年我国东部地区内部经济增长之间呈现明显的趋异，趋异速度为0.0102，其中非生产财政支出在一定程度上遏制了东部区域内经济增长趋异。这意味着，在东部经济发达地区，非生产性财政支出起到了平衡地区内部差异的作用。中部地区1994—2009年在控制非生产性财政支出条件下，区域内经济增长呈现明显的趋同，趋同速度为0.0654，其中非生产财政支出对增长趋同起到了显著促进作用。西部地区1994—2009年非生产性财政支出与经济增长之间也呈现出明显的趋同模式，趋同速度为0.0116，其中非生产性财政支出对地区增长趋同起到了显著促进作用。

另外，空间滞后项东西部地区显著，而中部地区不显著表明：非生产性财政支出已经在东西部地区形成了显著影响当地经济收敛发展的空间布局，而中部地区由于自身原因尚未形成此类集聚。可能的原因是，非生产性财政支出在东部地区及西部地区由于经济发达（东部）或国家政策支持较多（西部）的原因，软硬件配套能力较强，有力地配合了非生产性财政支出的空间布局，促进了非生产性财政支出的空间外溢。

三大地区内部的非生产性公共支出是促进各地区内部收敛形成的显著性因素，然而，三大地区之间的收敛未能在控制非生产性公共支出的条件下形成，可以认为，地区间的非生产性公共支出空间结构尚未得到优化。

接下来进行生产性财政支出与三大地区间增长收敛性关系的空间检验。

表7-18　　1994—2009年生产性财政支出空间条件收敛结果

参数	标准收敛模型 统计值	标准收敛模型 P值	SLM修正模型 统计值	SLM修正模型 P值	SEM修正模型 统计值	SEM修正模型 P值
α	0.1412	0	0.1396	0.0001	0.1385	0
β	0.0097	0.1819	0.0096	0.1376	-0.0114	0.0677
SCCZ	0.0314	0.1414	0.0315	0.0972	0.0321	0.0933
ρ			0.2156	0.0365		
λ					0.3662	0.0027
R^2	0.1178		0.118		0.1316	
Log L	91.1557		91.1577		91.3153	
收敛速度	—		—		0.0163	

由表7-18可以看出,在传统OLS模型及空间滞后模型SLM里均显示生产性财政支出与经济增长收敛趋势为不显著,但是SEM却通过了10%的显著性检验,生产性财政支出与经济增长存在明显收敛趋势,收敛速度为0.0163。这一结果进一步证明使用空间误差模型比空间滞后模型更能解释生产性财政支出与区域协调增长的关系。空间误差模型结果显示,生产性财政支出表现为显著促进(P<10%)经济增长收敛。这表明,伴随着生产性财政支出总量的上升,其经济辐射范围也在逐步扩大,推动了地区经济间综合发展水平的逐渐上升,促进了地区经济的收敛。另外,无论是空间滞后项还是空间误差项均显著表明,我国经济收敛增长正受到整体生产性财政支出空间布局影响。接下来进行生产性财政支出空间俱乐部收敛检验:

表7-19　　　1994—2009年生产性财政支出空间俱乐部收敛结果

参数	东部地区 统计值	P值	中部地区 统计值	P值	西部地区 统计值	P值
α	0.1155	0.1284	0.3929	0.0005	0.168	0.0017
β	0.0013	0.8596	-0.047	0.0279	0.0175	0.1419
SCCZ	-0.0266	0.315	0.03	0.0577	-0.0059	0.2437
空间误差项	0.4728	0.3047	5.7915	0	0.0986	0.8084
收敛速度	—		0.0767		—	

表7-19为1994—2009年我国生产性财政支出与经济增长空间俱乐部收敛结果。研究表明:1994—2009年我国东西部地区生产性财政支出与经济增长之间既不呈现明显收敛,也不呈现明显发散,没有明显的趋同趋势,而生产性财政支出均未能通过显著性检验;中部地区在1994—2009年生产性财政支出与经济增长之间呈现明显的趋同,趋同速度为0.0767,生产性财政支出起到了显著推动作用。可以看出,虽然近几年我国加大了对东西部地区生产性财政支出力度,但是大量投资并未能形成有效的空间配置,并不能在整个地区形成有效经济增长覆盖,因此并不能促进当地经济的收敛。

三　生产性财政支出、非生产性财政支出结构问题及原因分析

本节从生产性财政支出及非生产性财政支出两个角度出发,基于

1994—2009年我国31个省区的面板数据，对财政支出结构与区域经济协调增长进行研究。研究结果表明：

1. 全国范围——*生产性财政支出作用明显，非生产性财政支出较弱*

全国范围内的生产性财政支出、非生产性财政支出结构中，非生产性财政支出未能构成区域协调增长的影响因素，生产性财政支出在SEM修正模型中表现出促进全国性区域收敛的结果。这说明全国范围内的以交通基础设施为主的固定资产投资有效地起到了连接发达地区和落后地区，推动发达地区的经济增长实现空间外溢，客观上起到拉动落后地区的作用。另外，生产性财政支出形成了公共资本，当公共资本产出弹性系数大于0时，生产性财政支出增加就能提高私人投资和劳动的边际产出，导致劳动生产率提高、工资水平上涨，以及私人投资与劳动供给增加。而非生产性支出在促进区域协调增长的过程中，还没能起到显著的作用，从效果和力度上来看，不及生产性财政支出，包括科教文卫、财政补贴、社会福利保障等支出对区域协调增长的作用仍不明显，公共服务均等化任重而道远。

2. 东部地区——*生产性、非生产性财政支出均不构成收敛因素*

东部地区的收敛性分析显示，无论是生产性财政支出还是非生产性支出都没有对东部地区区域内收敛起到促进作用，表明财政支出在这一结构层面仍然没能促进区域内部的协调增长。可能的原因仍然是东部地区的财政支出体系更多地体现为市场化导向，没能有效地起到兼顾公平的作用。

3. 中部地区——*生产性、非生产性支出均促进收敛，急需加强*

中部地区的实证分析结果显示，生产性财政支出和非生产性财政支出都显著促进了区域内俱乐部收敛。然而，还应同时看到，中部六省财政薄弱，还有许多方面仍然需要精心规划，争取多方资金支持。中部城乡之间差距的扩大，公共服务缺位，环境形势严峻，这些公共物品的供给问题，急需政府的投入。中部地区目前缺乏成熟的有效的资本市场和要素市场，民间及外商投资不够活跃，结构相对单一，还难以形成以地方自筹为主的资金来源格局。在地方财政公共服务职能日益增多，入不敷出的情况日益严重的当前，需要来自包括国家财政及民间资本的共同支持。

4. 西部地区——*基础设施仍然落后，公共资本生产率不高*

在本部分对西部地区经济增长收敛回归分析中，生产性财政支出对区域增长收敛没有显著的作用，而非生产性财政支出显著促进了区域内协调增长，可能的原因是西部地区基础设施建设基础显著落后于其他地区，故而难以形成高效的固定资产投入产出率，公共资本的生产率不高，没有起到有效地拉动地区经济协调增长的作用。而非生产性公共投资包含的项目较多，具体的分项作用将留待后面进一步进行检验。

第四节 中央和地方财政支出结构与区域协调增长

第五章的理论借鉴与研究模型已经证明，区域协调增长的实现单纯依靠市场的力量自发地进行调节，将需要很长的时间，从而带来巨大的经济成本和社会成本，因此需要依靠包括财政支出在内的政府的宏观政策的引导，才能有效及时地缩小区域差距，发达国家的成功经验也证明了这一点。因此，政府的财政支出也肩负了协调、缩短区域差距的职责。其中，中央和地方的财政支出由于分工的不同，对区域协调也起着不同的作用。

1994年分税制改革以后，中央政府和地方政府在责权利中明确和理顺了相互之间的关系，职能也得到了进一步的强化。在中央和地方的各种职能支出经费当中，财政支出的不同功能对于协调区域经济增长的作用如何，本节的实证分析将尝试回答这一问题。

一 中央财政支出对区域经济增长影响分析

为了能整体把握中央财政与经济发展之间的规律性结论，本部分以1994—2009年中央财政支出作为时间样本，以地区GDP为被解释变量，财政社会保障支出等八类中央财政支出项（具体见表7-20）作为解释变量进行分析。本部分所需数据均来源于1995—2010年《中国统计年鉴》、《中国财政年鉴》、《新中国55年统计汇编》。具体定义参见表7-21。

为了对我国1994—2009年16年间中央财政支出对经济增长的作用机理进行分析，本部分采用修正的Solow内生增长模型：①

---

① 基于空间趋同模型限制，本节就没有对中央财政支出结构与地区经济增长趋同进行研究。

表7-20　　　　　　　　　　各项变量定义

变量	变量代号	变量名称	单位
被解释变量	GDP	地区GDP	亿元
解释变量	SHBZ	财政社会保障支出	亿元
	NYZC	财政农业支出	亿元
	JCSS	财政基础设施支出	亿元
	JJJS	经济建设支出	亿元
	SHWJ	社会文教财政支出	亿元
	GFZC	国防财政支出	亿元
	XZGL	行政管理支出	亿元
	QTZC	其他财政支出	亿元

$$\ln GDP = C_t + \alpha_1 \ln SHBZ_t + \alpha_2 \ln NYZC_t + \alpha_3 \ln JCSS_t + \alpha_4 \ln JJJS_t + \alpha_5 \ln SHWJ_t + \alpha_6 \ln GFZC_t + \alpha_7 \ln XZGL_t + \alpha_8 \ln QTZC_t + \varepsilon_t \quad (7.28)$$

具体分析结果如表7-21所示：

表7-21　　1994—2009年中央财政投入与地区经济增长回归结果

Variable	Coeffinient	Std. Error	t-Statistic	Prob.
C	1.7522	2.1050	0.8324	0.4267
SHBZ	0.1059	0.1912	0.5537	0.5933
NYZC	-0.7302	0.3700	-1.9734	0.0799
JCSS	-0.8544	0.3843	-2.2232	0.0533
JJJS	2.4105	1.0039	2.4012	0.0398
SHWJ	-2.1831	1.5210	-1.4354	0.1850
GFZC	2.0424	0.9544	2.1399	0.0610
XZGL	0.0618	0.3150	0.963	0.8487
QTZC	0.3805	0.3026	1.2576	0.2402
R-squared	0.9951	Mean dependent var		11.2724
Adjusted R-squared	0.9907	S. D. dependent var		0.7671
S. E. of regression	0.0740	Akaike info Criterion		-2.0639
Sum squared resid	0.0492	Schwarz criterion		-1.6187
Log likelihood	27.5750	F-statistic		227.5322
Durbin-Watson stat.	1.2980	Prob. (F-statistic)		0.0000

由表7-21可以看出，式（7.30）的现实拟合度较高（R^2为99.51%，Adjusted R^2为99.07%），同时方程F值为227.5322，通过了1%的显著性检验，因此式（7.28）能较好地解释中央财政与经济发展之间的相互作用关系。财政农业支出、基础设施支出、经济建设支出、国防支出四项中，中央财政支出通过了显著性检验，其他则未能通过。其中，1994—2009年中央财政农业支出项与基础设施支出项对经济发展作用表现出一定程度的遏制，而中央财政经济建设支出与国防支出则表现出对经济的显著促进作用。

农业支出项对经济发展起到一定程度的遏制，在一定程度上反映出1994—2009年国家的涉农投入依然是一个十分困难的现实问题。财政政策的演变直接关系到中国农村改革的进程，虽然财政政策在农村改革过程中的作用越来越大，并从2001年开始，财政政策等各项政策逐步向农村地区倾斜，包括农村地区全覆盖的公共财政政策，以强有力的财政手段来减轻农民负担，但是由于地区差距、城乡差距、收入不平等等问题根源太深，财政支农对经济发展促进作用的发挥仍需一定时日。

财政基础设施支出一直受到中央财政的重视，而且也是每年财政预算的重头戏之一，但是，新建大规模的基础设施所带来的大规模的公共资本支出削弱了经济增长能力，造成对其他产业投入的挤占，同时也带来国民经济产业结构的"硬化"，阻碍产业结构的升级和经济增长方式的变化。

中央财政经济建设支出往往关系到宏观调控，这些支出集中在生产性投资支出和基础设施领域，因此经济建设支出具有引导性、战略性特点，对市场经济发展起到促进和推动作用。

国防开支是中央财政用于国防和国家安全的支出，国防产业的产业关联度高，产业带动能力强，能够有效地拉动上下游产业，促进国民经济的增长。

二 地方财政支出结构对区域协调增长的影响

地方财政支出主要包括地方行政管理和事业管理的各项支出费用，具体变量定义见表7-22：

式（7.29）为地方财政支出结构与经济增长的修正空间滞后趋同模型，其中ρ为空间滞后系数：

表 7-22　　　　　　　　　　各项变量定义

变量	变量代号	变量名称	单位
被解释变量	GDP	地区 GDP	亿元
解释变量	XZGL	财政支出——行政管理费用	亿元
	KJWW	财政支出——科教文卫费用	亿元
	CZBT	财政支出——财政补贴费用	亿元
	ZNFY	财政支出——支农费用	亿元
	SHFL	财政支出——社会福利费用	亿元
	JBJS	财政支出——基本建设费用	亿元

注：科教文卫费用包括科技、教育、文化、卫生四部分财政支出；社会福利费用包括社会救济和社会保障两部分。

$$\frac{1}{T-t}\left[\ln\left(\frac{GDP_{iT}}{GDP_{it}}\right)\right] = \alpha + \beta\ln GDP_{it} + \rho W\ln\left(\frac{GDP_{iT}}{GDP_{it}}\right) + \beta_{1t}\ln XZGL + \beta_{2t}\ln KJWW + \beta_{3t}\ln CZBT + \beta_{4t}\ln ZNFY + \beta_{5t}\ln SHFL + \beta_{6t}\ln JBJS + \varepsilon_{it} \quad (7.29)$$

式（7.30）为地方财政支出结构与经济增长的修正空间误差绝对趋同模型，式中 λ 为空间误差滞后项：

$$\frac{1}{T-t}\left[\ln\left(\frac{GDP_{iT}}{GDP_{it}}\right)\right] = \alpha + \beta\ln GDP_{it} + \beta_{1t}\ln XZGL + \beta_{2t}\ln KJWW + \beta_{3t}\ln CZBT + \beta_{4t}\ln ZNFY + \beta_{5t}\ln SHFL + \beta_{6t}\ln JBJS + \varepsilon$$

$$\varepsilon = \lambda W\varepsilon + u \quad (7.30)$$

首先进行拉格朗日乘子检验：

表 7-23　　　　　　　　　　LM 检验结果

空间相关性检验	MI/DF	统计值	P 值
LMLAG	1	3.6524	0.0521
R - LMLAG	1	4.3768	0.0393
LMERR	1	6.7565	0.0072
R - LMERR	1	8.2475	0.0000

由表 7-23 可以得出：由于 LMERR 值、R - LMERR 值均高于 LMLAG 值、R - LMLAG 值，且显著，因此使用空间误差模型来进行空间条件收敛分析，要优于空间滞后模型。下面进行地方财政支出条件收敛检验。

表 7-24　　　　　1994—2009 年地方财政支出条件收敛结果

参数	标准收敛模型 统计值	P 值	SLM 修正模型 统计值	P 值	SEM 修正模型 统计值	P 值
α	0.1519	0.0000	0.1613	0.0000	0.1510	0.0000
β	-0.0085	0.0000	-0.0084	0.0000	-0.0074	0.0000
XZGL	-0.0104	0.2019	-0.0108	0.1149	-0.0128	0.0513
KJWW	0.0208	0.0433	0.0214	0.0112	0.0218	0.0039
CZBT	0.0023	0.7089	0.0021	0.6895	0.0011	0.8266
ZNFY	0.0029	0.7428	0.0029	0.7070	0.0044	0.5583
SHFL	0.0001	0.9850	0.0003	0.9607	0.0011	0.8429
JBJS	-0.0072	0.1929	-0.0076	0.0986	-0.0093	0.0372
ρ			0.1612	0.4627		
λ					0.7215	0.0001
R^2	0.2269		0.2308		0.2708	
Log L	93.2012		93.2583		93.8220	
收敛速度	0.0091		0.0089		0.0079	

由表 7-24 可以看出，传统条件收敛模型和修正条件收敛模型均显示：全国范围内 1994—2009 年地区财政对经济增长均存在明显收敛（P<0.01）。我国整体收敛速度为：OLS 回归结果是 0.0091，SLM 回归结果为 0.0089，SEM 回归结果为 0.0079，表明传统 OLS 分析和 SLM 模型结果均高估了地区财政对经济增长的收敛速度。另外，由 SEM 模型计量结果可知，1994—2009 年考察期间，地方财政科教文卫支出对地区经济收敛增长表现出明显的促进作用，而行政管理支出和基本建设支出则显著遏制了地区经济收敛，其余三项财政支出则未能通过显著性检验趋同结果表明，控制地区间财政支出规模和结构有利于形成区域间的空间条件趋同，各地区在财政支出的结构上目前有利于区域协调增长的形成，进一步完善与优化将更能促进区域条件趋同。

接下来进行地方财政支出与各区域内空间俱乐部趋同检验，检验结果见表 7-25：

表7-25　　　　1994—2009年地方财政支出空间俱乐部收敛结果

参数	东部地区 统计值	P值	中部地区 统计值	P值	西部地区 统计值	P值
α	0.1304	0.0000	0.3488	0.0001	0.2873	0.0000
β	-0.0251	0.0005	-0.0209	0.0877	0.0071	0.3297
XZGL	0.0060	0.1769	0.0347	0.0024	0.0215	0.0125
KJWW	0.0598	0.0000	-0.0386	0.0001	-0.0591	0.0032
CZBT	0.0131	0.0000	-0.0120	0.0018	0.0304	0.0000
ZNFY	-0.0388	0.0000	0.0143	0.2552	0.0162	0.0063
SHFL	0.0083	0.0003	—		-0.0018	0.6903
JBJS	-0.0078	0.0000	—		0.0027	0.6402
空间滞后项	5.3291	0.0000	5.3808	0.0000	5.4217	0.0000
收敛速度	0.0310		0.0247		—	

空间俱乐部趋同结果表明，东中西部三大区域内部趋同趋势不同，对趋同的影响因素和机制也不尽相同。其中，东部地区1994—2009年在地区财政支出结构作为解释变量的条件下出现显著空间趋同趋势，趋同速度为0.0310。起主要促进作用的地方财政支出变量是：科教文卫、政策补贴与社会福利，可能的原因是东部地区由于经济发展水平较高，公共服务均等化走在全国前列，为区域间协调发展提供了公共政策支撑。而支农费用则对趋同发展起到了一定程度的遏制，这意味着农业作为基础产业的发展必须得到地方财政的支持，但对于区域协调的拉动力却非常有限，甚至是挤占了财政支出中其他更有利于区域协调的支出项目，起到了负面的作用。

中部地区1994—2009年在地方财政支出与经济增长之间呈现明显的趋同[①]，趋同速度为0.0247，其中行政管理费用对增长趋同起到了显著促进作用，而科教文卫、财政补贴则在一定程度上阻碍了增长趋同，另外支农费用没能通过显著性检验。实证结果表明，中部地区的趋同机制是通过行政管理开支来拉动当地的消费和生产的，但是伴随着行政管理费用的上升，效率低下和投入渠道不科学将成为地区经济发展的阻力。另外，科教

---

① 鉴于回归方程自由度与参数关系，中部地区分析时剔除了社会福利支出与基本建设两个财政支出项。

文卫费用和财政补贴在中部地区的分布不平衡导致了地区内部的趋异。支农费用也并未构成趋同的影响条件。

西部地区空间误差项在三地区均通过了显著性检验，结果为正表明：地方财政支出项在空间上存在依赖性，且能够明显影响到地区经济收敛增长，但仍面临财政支出效率低下、分布不均、关联性较差的情况，对于实现区域内部协调还有很长的距离。

三 中央和地方财政支出结构问题及原因分析

（一）中央财政支出结构对区域经济增长的作用分析

1. 数据描述

由于数据受限，本部分侧重于测算中央财政支出结构和区域总体增长之间的关系。1994—2009年中央财政支出与区域经济增长研究结果表明：中央财政农业支出与基础设施支出对经济增长起到了遏制作用，可能的原因是农业支出的时滞效应和基础设施支出挤占效应。另外，中央经济建设支出和国防支出显著促进了全国经济增长，其原因是中央财政经济建设支出具有引导性、战略性，对市场经济发展起到促进和推动作用；国防产业关联性大，客观上也对经济增长有显著的促进作用。

2. 问题及原因分析——中央财政支出结构扭曲影响资源配置效率

以上实证研究结论说明，中央出现财政支出结构的扭曲，财政政策对经济增长的正向作用将受到影响，甚至可能与政策的制定目标南辕北辙。其原因在于从资源优化配置的角度出发，如果整个财政支出结构的某职能相对于其他职能明显偏重，那么随着该项财政支出的不断增加，它对经济增长的边际效应必然不断下降，这符合经济学中资源优化配置的基本规律——等边际法则。这意味着，中央政府财政资源的配置必须让每一类职能的支出对经济增长的边际作用趋于相等，只有这样才能使财政资金的使用方向更合理，效率最大化，稀缺的财政资源配置得到帕累托最优。如若中央政府在财政支出结构的安排上有严重的偏向性，比如说着重基础设施建设而忽略市场导向和民生性支出，那么健康协调的区域经济增长将难以为继。

（二）地方财政支出结构对区域经济协调增长的作用分析

1. 全国范围——地方财政支出差别大，且各自为政

1994—2009年我国地区财政支出与全国范围经济协调增长研究结果表明：全国范围内地方财政支出中的科教文卫费用显著促进了区域收敛，

而行政管理费用和基本建设支出遏制了区域收敛。可能的原因是地方行政管理费用在省区之间分布极不均衡，各省由于自身财力差异较大，因此用于行政管理的费用差距不尽相同，进一步拉大了全国性地区差距；基本建设费用对全国范围内的区域收敛起遏制作用，可能的原因是各省（市、区）的基本建设费用大多都用于区域内的基础设施建设，对于能够拉动区域间的跨区域基础设施积极性不高，缺乏更高行政级别上的规划和引导，导致各地区各自为政，地方保护主义盛行；科教文卫费用显著地促进全国范围内的区域收敛，跟科教文卫较强的外溢效应有关，各地方政府对本省（市、区）科教文卫的支出，各方面社会保障体系也得以更加完善，增强了本地区的软环境的吸引力，吸引了人才、资金、技术、资本向这些地区的流动和聚集，从而减小了区域差距。

2. 东部地区——弥补市场失灵的财政支出显著促进了区域内协调增长

东部地区的实证分析结果显示，科教文卫费用、财政补贴费用、社会福利费用显著促进了区域内协调增长，这表明了尽管前述分析中指出，东部地区的财政支出由于其市场化导向，未能充分在区域内协调中发挥作用，但并不妨碍可能发生的一些改变，在既有的财政支出结构作用于区域内协调的过程中，以上三个指标客观上起到了缩小区域内差距的作用，这和市场化的经济机制恰好形成了互补，正是财政支出在这些方面的支出弥补了市场失灵所带来的贫富差距的扩大，真正地从民生保障和居民福利的方面切实增进了区域内整体的福利水平和经济增长协调度。起遏制作用的指标有支农费用和基本建设费用，同样证明基本建设费用的拉动效应已经处于边际递减，需要进一步提高这方面的支出效率，而对第一产业的支持力度在以制造业为主的东部沿海地区难以形成主要拉力，反而影响了区域内协调增长。

3. 中部地区——财政支出结构落后，生产力低下

中部地区的大多数财政支出没能促进区域的收敛，仅有行政管理费用促进了收敛。出现这种情况可能的原因是由于回归方程自由度与参数的关系，本书未能提供社会福利支出和基本建设费用对于中部地区收敛的影响，故而尚无法判断这两个方面的财政支出能否促进中部区域内协调。而行政管理费用促进了区域协调是一个比较悲观的结果，说明中部地区目前促进协调增长的主力还停留在低效率且庞大的行政管理支出上，这不能不说是生产力低下的标志，而代表技术进步和教育水平等经济质量方面的财

政支出增长却没能促进区域协调，反而是集中在中部少数大型城市，财政补贴对区域协调起遏制作用，其原因可能是补贴过于集中，区域分布不均匀。以上两个指标是促进区域协调增长的关键指标，没能起到收敛增长的作用，值得中部地区政府的重视。

4. 西部地区——各项财政支出在地域上分布不均衡

西部地区地方财政支出结构与区域内协调增长的实证分析中，行政管理费用、财政补贴费用、支农费用促进了区域内协调增长。原因可能在于，如上面所述，行政管理费用促进了区域内协调反而说明了西部地区仍处于生产力比较落后的阶段，财政支出的低效行政管理费用在区域协调中担任着重要角色。但同时又区别于中部情况的方面是：财政补贴费用和支农费用促进了区域内协调增长，比起中部地区，财政支出的区域协调职能得到了更多的体现。对农业的支持和财政的均等化补贴有效地促进了区域增长收敛，在财政支出的普惠性上发挥了更为重要的作用。科教文卫对区域内收敛出人意料地起到了遏制的作用，可能的原因是科技投入不均衡、教育资源不公平、公共医疗资源供给不足等。

第五节 财政分权制度（结构）与区域协调增长

中华人民共和国成立以后，随着向社会主义过渡的完成，中国建立起了符合中国国情的财政税收体系，并经历了多次变动：高度集中财政体制下的财政分权（1950—1979 年）；财政包干体制下的财政分权（1980—1993 年）；分税制财政体制下的财政分权（1994 年至今）。本部分主要从空间角度入手，对 1994—2009 年财政分权制度与地区经济协调增长相互作用关系进行研究。

一 公共财政制度体系指标建立

传统的财政分权理论被称为 TOM 模型。总体看来 TOM 模型主张对公共部门进行垂直分工，是由中央政府承担宏观经济稳定功能，因为它具备财政政策和货币政策的政策工具。收入再分配功能也是以中央政府为主，但地方政府可以起到互补的功能。这样的职能分工主要是针对资源分配职能的目的。

本部分以1994—2009年作为时间样本，对我国31个省（市、区）财政分权程度对区域经济协调增长的关系进行分析。本部分所需数据均来源于1995—2010年《中国统计年鉴》、《中国财政年鉴》《中国劳动统计年鉴》、《中国区域经济统计年鉴》、《新中国55年统计汇编》以及各省市相关统计年鉴。具体参见表7－26。

表7－26　　　　　　　　各项变量定义

变量		变量代号	变量名称	单位/公式
被解释变量		GDP	国民生产总值	亿元
解释变量	财政分权指标	PFQYZ	人均财政预算支出程度	当年各省财政人均一般预算支出/中央财政当年人均一般预算支出
		PFQYS	人均财政预算收入程度	当年各省财政人均一般预算收入/中央财政当年人均一般预算收入

二　财政分权制度对区域经济协调增长的空间影响

为了对我国31个省（市、区）1994—2009年16年间财政制度对区域经济增长收敛性进行研究，本部分采用空间修正条件收敛模型进行分析。

式（7.31）为财政分权制度与区域经济增长空间滞后收敛模型，其中ρ为空间滞后系数。

$$\frac{1}{T-t}\left[\ln\left(\frac{GDP_{iT}}{GDP_{it}}\right)\right] = \alpha + \beta \ln GDP_{it} + \rho W \ln\left(\frac{GDP_{iT}}{GDP_{it}}\right) + a_{1t}PFQYZ_{it} + a_{2t}PFQYS_{it} + \varepsilon \quad (7.31)$$

式（7.32）为财政分权制度与区域经济增长空间误差收敛模型，式中λ为空间误差滞后项。

$$\frac{1}{T-t}\left[\ln\left(\frac{GDP_{iT}}{GDP_{it}}\right)\right] = \alpha + \beta \ln GDP_{it} + a_{1t}PFQYZ_{it} + a_{2t}PFQYS_{it} + \varepsilon$$
$$\varepsilon = \lambda W\varepsilon + u \quad (7.32)$$

三　分权制度和区域收敛的问题及原因——中央和地方存在协调冲突

由表7－27可以看出，无论是传统收敛模型还是修正绝对收敛模型均显示：全国范围内1994—2009年地区财政分权制度不构成区域经济增长收敛的条件。可能的原因是：中央政府与地方政府之间财权和事权范围的划分仍然不够科学。据统计,1994年分税制改革后,地方和中央的职能都得到了不同程度的强化,特别在区域经济协调方面,中央集中了全国近60%的财政收入,中央由于有了稳定的税收来源,在收入再分配和区域间转移支付的能力大大增强,为促进区域间协调增长提供了政策作用空间;但地方财政收入只占40%,却要负担70%财政支出事项,在很大程度上扭曲了地方政府行为,地方政府保障公平的职能因此弱化,由于没有相应的财力保证,基础教育、职业教育、公共卫生和社会保障等公共服务难以保证足够的供给,而财政压力使得地方上的税收秩序被违法违规行为打乱,费挤税现象滋生,偷税漏税现象更为严重,这进一步限制了地方在区域协调方面的职能。同时,分税制的实施导致地方政府受当地利益的驱动,更容易制定有利于自身利益最大化的区域政策,从而加剧和强化了地区的差距。因此,两个层面对于区域协调形成相互制约的博弈力量,使得财政分权程度对于区域差距缩小的作用不够明显,还有待进一步研究。

表7-27　　1994—2009年财政分权指标空间条件收敛结果

参数	标准收敛模型 统计值	P值	SLM修正模型 统计值	P值	SEM修正模型 统计值	P值
α	0.0411	0.5402	0.0277	0.6502	0.0383	0.4939
β	-0.0264	0.2193	-0.0263	0.1336	-0.0266	0.1243
PFQYZ	0.0075	0.1027	0.0073	0.0470	0.0073	0.0524
PFQYS	-0.0124	0.2109	-0.0125	0.1224	-0.0126	0.1153
ρ			1.1015	0.0623		
λ					1.1566	0.0552
R^2		0.2121		0.2184		0.2252
Log L		92.9066		92.9952		93.0816
收敛速度		—		—		—

第六节　本章小结

本章从我国基本国情出发,以1994年分税制改革到2009年为数据采集阶段,根据财政支出结构自身特点构建了一系列能反映中国财政现实情况的结构体系，同时利用空间计量经济学、经济增长趋同等分析方法对这一阶段我国财政支出结构体系与经济协调增长关系进行实证分析。根据实证结果，我们认为，财政支出结构及其各组成部分确实存在显著的空间外溢影响，空间计量模型的选择很好地考虑并反映出这种空间效应对于区域增长及收敛的客观作用。

在众多财政支出结构性因素中：（1）人均财政支出及财政支出贡献率对经济收敛起到显著促进作用，并且财政转移支付也显著促进了我国经济整体收敛发展。（2）非生产性财政支出在区域内部促进局部区域协调，而生产性财政支出则在宏观层面推动了大区域范围的增长协调。两类财政支出对区域收敛增长的作用机制和范围存在不同，但可以互相补充，相得益彰。（3）科教文卫都体现出强有力地促进区域协调增长的趋势，而三大地区中，目前东部地区在区域协调中的先进经验值得学习，其科教文卫、政策补贴、社会福利等公共财政支出很好地实现了协调区域增长的职能，这一研究结果也对当前我国财政制度改革中提出的公共服务均等化和民生导向等内容提供了理论与实证的注解。（4）财政中央与地方分权结构尚未和区域协调增长形成有效关联。

第八章　基于区域协调增长的财政支出体系优化的路径选择与机制设计

前述双目标匹配分析的实证结果和理论分析显示,财政支出体系无法自我完善,必须通过外部力量及针对性的机制设计才能走向优化,同时,还需要借助和区域协调系统的良性互动和循环,才能进入科学有效的发展通道。从这个意义上讲,财政支出结构优化和区域协调增长是并行不悖、互相依存的两个目标,是统一于一个整体架构之中的两个支撑。因此,有必要在调结构和建机制以及政府主导式区域协调的财政支出取向下,以区域协调为目标,设计系列的财政支出结构优化路径及机制,来达到实现区域协调,同时又完善财政支出结构的双重目标。

财政支出体系的完善是一个极其庞杂的问题,在当前收集整理到的理论研究成果和本课题的研究范围内,本书借用机制设计理论把问题设定为基于区域经济协调增长目标下财政支出体系的路径选择和机制设计,而优先确立社会经济目标也是机制设计理论区别于传统经济学研究路径的主要体现。本书在探讨这部分问题的架构和逻辑上选取了四个视角进行探索,本书首先从机制性根源出发——通过溯源政府财政分权的历史及现状,刻画地方政府的双向代理地位下的财政和事权博弈过程,利用"委托—代理"理论探讨财政分权优化机制设计问题和中央对地方政府的双重委托—代理任务的执行问题。其次,从中央政府占有较大自主权但信息不对称的角度,探讨机制设计中如何解决转移支付中隐藏信息的问题,从而实现财政支出规模意义上的财政支出均衡。再次,在界定财政支出在区际贸易中的重要作用的基础上,运用三部门国民收入模型,从地方政府占有较大自主权但区域间缺乏约束和协调的角度,探讨中央政府如何引入约束和监督机制,构成区域间财政支出结构的优化。最后,探讨区域间各级政府的合作机制,从而将问题上升到探索财政支出区域系统架构意义下的财政支出效率最大化问题。

在四个视角中，信息效率和激励相容是贯穿中央政府和地方政府在选择及交换不同程度的自主权下和信息不完全等分散化决策条件下的两大核心问题，本书两者问题的解构与探索性回答形成了本部分内容中财政支出体系的路径选择与机制设计的核心。

第一节 基于委托—代理理论的财政分权机制优化设计

一 委托—代理关系是财政分权机制的理论基础

中国的财政分权机制优化与否是决定国民经济健康发展、区域经济协调增长的机制性根源，虽然前述实证研究中未能表现出财政分权结构对于区域协调的直接影响，但完善的财政分权机制也将在调动地方政府积极性，合理划分中央地方职能、协调区域利益等方面间接影响区域协调增长。本节将着力构建基于地方政府双向代理地位（代理地方及代理中央）财政分权的优化机制。

从世界范围来看，虽然财政向下分权已成为实际操作中的共识，财政分权理论界却涌现出激烈的争论。财政分权支持者认为其有利于改善公共部门的赤字状况，并增加财政分权的效率，而反对者认为分权导致地方政府的市场壁垒与财政支出的不公平偏好，从而不利于经济的协调增长。概括起来，财政分权研究主要围绕着两个重点：一是财政分权相对于集权在促进经济发展和社会福利是否具有现实意义上的优势？二是用什么来确保财政分权的合理性？

在上述两个问题上，古典经济学着重探讨"为什么要实施财政分权"，对第一个问题进行了深入研究。而现代财政分权理论则试图回答第二个问题，建立激励与约束相容的机制，保证财政分权的有效实现，防止政府从决策中进行"寻租"。1956年Tibeout的经典财政分权文章《地方财政支出的纯理论》用"用脚投票"来反映居民对政府提供的公共物品质量的回应，被视为财政分权理论的起点，用以促进地方政府改善公共物品和服务的供给；Stigler（1957）认为，地方政府拥有一定的自主权，有利于实现资源配置的有效性。在财政分权是否缩小政府规模的问题上，不同的学者给出了不同的结论，Zou（2002）的研究表明财政分权将导致较小的中央政府规模和较大的地方政府规模；Huther and Shah（1998）的研究认为财政分权有助于减少地方政府的腐败行为，Arikan（2004）通过实证检验也得出同样的结论。

各种研究显示出，即使是对同一个国家的研究也会得出不同的结果，这可能与研究采用的指标、时间段等有关，也可能受到政治、经济、社会文化等方面的影响。

1994年，我国开始实施相对完善的分税制改革，按照分权、分税、分管的原则，重新调整了中央政府和地方之间的财权和事权的关系，确立了相对完善的分税分级财政体制。但是由于我国财政分权体制是在急于改善中央和地方政府财政分配的现状和解决财政困难，在"放权让利"和"减少改革阻力以便为今后建立规范的财政体制创造条件"指导思想下进行的，并没有彻底明确界定各级政府的职责以及如何合理划分等问题，以致现在政府间财政分权不规范，政府间对于交叉财权划分不清，以及某些财权划归不合理，政府间在财政支出事项上存在缺位、越位等问题仍然相当严重。因此，迫切需要科学合理地规范政府间财政权力，以保证财政分权有效实施。

中央和地方财政分权的关系可以理解为委托—代理关系。运用委托—代理理论来解释中央和地方之间的关系，其合理性在于把政府官员视为经济人，也是以追求自身利益最大化为目标的，同时也会运用自己手中的权力进行寻租，这些符合经济人的理性假设。运用信息经济学的理论分析财政分权是一种崭新的思维，近几年为众多学者所采用。

委托—代理理论涉及双方的利益冲突和信息不对称的问题。其实质是委托人不得不对代理人的行为承担后果，而这又是源于双方的信息不对称和契约的不完备；委托—代理理论其本质就是分析非对称信息下的激励约束问题（张维迎，1996）。财政分权后的地方政府拥有自己独立的经济利益，拥有了一定的财政自主权，也有相应可控的社会资源，在地方信息（经济发展、公共品提供等）方面拥有信息优势，拥有了与中央政府讨价还价的能力，中央与地方之间事实上存在了一种博弈关系。分权下的中央与地方的关系，被一些学者称为"经济联邦主义"：中国中央政府就像一个大型股份公司的总部，而地方政府则是大型股份公司的事业部（周业安，2002）。从中央政府和地方政府这种财政分权下的经济利益关系，我们可以假定中央政府为委托人,地方政府为代理人,设计激励与约束相容的机制保证中央与地方财政分权下各自财政事权的明确,以实现中央和地方的最优配置。

表8-1　　　　　　　　　　政府间财权划分的现状

	财政支出划分
中央	负责中央机关及其所属事业单位运转所需要的经费,实施宏观调控协调地区发展所需要的费用,中央统管的基本建设投资,中央直属企业的技术改造和新产品试验及试制经费,国防、武警费用,地质勘查费,外交和援外费用,国内外债务的还本付息费用,中央级的公检法支出
地方	各自地区机关运转及其各自地区经济、社会发展所需要的各项支出,包括地方统筹的基本的建设投资,地方企业的技术改造和新产品试制费用,城市维护费用,地方文化、教育、卫生、科学等各项事业费和行政费用,本级公检法支出,民兵事业费,支农支出,价格补贴及其他支出
中央与地方财政支出	经济管理与建设,城乡建设,社会保障,支农支出,交通,教育,科学,文化,卫生,计划生育,民政,公安,司法,武警经费,监察,体育事业,出口退税,宗教事务,民族事务等

资料来源:何秋仙、楼迎军(2008)。

虽然我国中央和地方财政支出范围有较为具体的规定,但大都是通过中央以"决定"或"通知"方式确定,并没有通过法律明确而具体地确定,因此,各级政府间的财政支出缺乏规范而又详细的划分,造成中央与地方财权的不明确,在一些既具有全国性又具有地方性的公共品(如跨地区的大型基础设施、环境保护和社会保障等)提供上出现了互相推诿或者空缺;甚至出现了本已划分十分明确的支出责任,在实际执行过程中却出现偏差,如本由中央政府承担的国防支出,但部队和武警费用却由地方承担一部分;即使是那些由中央和地方共同承担的支出,也没有明确各自应承担的相应比例;同时还存在部分财政支出范围划分的不合理,如前述实证研究中指出,基础教育、公共卫生等基本公共产品具有很强的空间外溢性,有助于区域经济的协调增长,而世界上绝大部分国家由中央政府来承担其主要的支出责任,而在我国却由财力薄弱的县乡基层政府提供,导致支出范围在上下级政府间的错位,也间接阻碍了区域协调增长。

由此看来，科学、合理、明确地划分中央与地方的财政支出范围，并通过法律的途径固定下来，以约束中央和地方两者的不规范行为，是完善财政分权机制的必要条件，也是提高分权效率，以更好地促进经济发展的必然要求。

二 中央与地方财政分权的委托—代理模型

（一）构成委托—代理模型的三个要件

1. 契约关系

委托—代理关系首先是一种契约关系，该契约明确了委托人与代理人的权、责、利的界限以及某一可立约指针之间的函数关系。中央政府通过向地方政府拨付一定的资金来完成特定的专项，而地方政府自身的财政支出则主要通过转移支付的形式完成，中央与地方政府之间以此形成契约关系。

2. 信息结构

代理人因具体操作委托人委托的事宜而拥有比委托人更隐蔽的信息，使得委托人处在信息劣势地位而代理人处在信息优势的地位。中央政府是政策的制定者，目标是实现经济效益和社会效益的最大化，因此是委托人，而地方政府则是中央政府的具体实施者，是代理人，更加贴近和了解本地方的经济社会和消费者福利状况。显然，在信息结构上，作为委托人的中央政府处于信息劣势，而作为代理人的地方政府则处在信息优势地位。

3. 利益结构

委托人如何设计一个激励机制使得代理人接受并能促进代理人采取适当的行动，使得代理人在追求自身效用最大化的同时最大限度地增加委托人的利益。中央政府为了使自己制定的政策得以实行，目标得以实现，将会提出一些优惠政策作为报酬，激励地方政府尽职尽力，努力实现社会效用的最大化；而作为代理人的地方政府根据中央政府的激励机制选择自己的努力行为，并追求自身利益的最大化。虽然中央政府和地方政府各自的目标函数不一致，但是它们各自都是追求自身利益的最大化，可以通过设计一种激励与约束相容机制，促进双方最大化利益的共同实现。二者关系符合构成委托—代理理论的三个要件。

（二）中央与地方财政分权的委托—代理模型①

用 A 表示代理人地方政府的所有可选择行动的组合，$a \in A$ 表示地方政府

---

① 该模型参照江孝感、王伟《中央与地方政府事权关系的委托—代理模型》，《数量经济技术经济研究》2004 年第 4 期。

的一个特定行动，为了方便起见，我们假定它为一维向量，地方政府的产出函数表示为：$\pi = a + \varphi$。其中 φ 为自然状态下的随机变量，并且 $\theta \sim N(0, \sigma^2)$。$S(\pi)$ 表示中央政府所设计的具体的激励机制表现形式：$S(\pi) = a + \tau \pi$，为线性契约函数。其中，a 表示代理人地方政府所能获得的固定收入，$\tau \in [0, 1]$ 表示代理人所能分享的产出份额，称为激励强度系数，若 $\tau = 0$ 说明代理人风险厌恶者，不承担风险；若 $\tau = 1$ 意味着当地政府代理人是完全风险代理人。委托人中央政府面临的问题就是寻找一个能够实现自身效用最大化的 $S(\pi)$，并根据观测到的 π 对地方政府进行适当的奖励或惩罚。

1. 代理人地方政府的参与约束

我们假设地方政府的效用函数具有不变绝对规避风险特征，即 $\mu = -e^{-\rho\omega}$，其中，ρ 表示地方政府的绝对风险规避度，ω 表示实际货币收入。同时我们假设地方政府的努力成本 $C(a)$ 可以用货币成本表示，并进一步简化，假定 $C(a) = \frac{ba^2}{2}$，$b \in (0, +\infty)$，b 的取值越大，表示同样的努力 a 所带来的负效用就越大。因此，地方政府的实际货币收入可以表示为：

$$\omega = S(\pi) - C(a) = a + \tau(a + \varphi) - \frac{ba^2}{2} \tag{8.1}$$

在此我们引入概率约束代替代理人地方政府的参与约束：

$$P = \{\omega \in Gw\} = p \tag{8.2}$$

p 表示地方政府的效用偏好，风险厌恶型地方政府对 p 值要求很高。

式 (8.2) 可以表示为：

$$P\left\{\frac{\omega - E\omega}{\tau\sigma} \geq \frac{\omega - E\omega}{\tau\sigma}\right\} = p \tag{8.3}$$

其中，$\begin{cases} E\omega = a + \tau a - \frac{ba^2}{2}, \\ \omega \sim N(E\omega, \sigma^2) \end{cases}$ (8.4)

由式 (8.4) 可得：

$\frac{\omega - E\omega}{\tau\sigma} \sim N(0, 1)$，因此 $\varphi(\frac{\omega - E\omega}{\tau\sigma}) = 1 - P$

我们设 $\frac{\omega - E\omega}{\tau\sigma} = x_q$，$\varphi(x)$ 表示标准正态分布函数。

同时假设 $1-p=q$，则 $\varphi(x_q)=q$。当 p 给定，由标准正态分布表可查得 x_q，$p>0.5$，$q<0.5$，$x_q<0$，并且 x_q 越小，q 越小，p 越大，地方政府的风险规避度越大。

由 $\dfrac{\omega - E\omega}{\tau \sigma} = x_q$ 可得：

$$w = a + \tau a + x_q \sigma - \frac{ba^2}{2} \tag{8.5}$$

2. 地方政府激励约束相容条件（IC）

用 Y 表示地方政府随机性收入，x 表示确定性收入，若 $u(x)=Eu(Y)$，则称 x 为 Y 确定性等价收入，

$$\begin{aligned}E[U(\omega)] &= \int_{-\infty}^{+\infty} -e^{\left[-\rho\left(a+\tau a+\tau\varphi-\frac{ba^2}{2}\right)\right]} \cdot \frac{1}{\sqrt{2\pi}\sigma} e^{\left[\frac{(\varphi-\mu_\sigma)^2}{2\sigma^2}\right]} d\varphi \\ &= e^{-\left\{-\rho\left[a+\tau(a+\mu_\sigma)-\frac{\rho\varphi^2\sigma^2}{2}\right]-\frac{ba^2}{2}\right\}}\end{aligned} \tag{8.6}$$

由式（8.6），我们可以得出：

$$\omega = a + \tau(a+\varphi) - \frac{ba^2}{2}$$

同时由式（8.6）我们知道地方政府收入最大化条件：$a=\dfrac{\tau}{b}$。

所以，$a=\dfrac{\tau}{b}$ 为代理人地方政府的激励约束相容条件（IC）。

3. 委托人中央政府的目标函数

由于中央政府制定的政策需要在全国范围内推行实施，意味着中央政府面对的是全国的地方政府，因此中央政府的风险是中性的。期望效用等于期望收入。即

$$E[U\omega] = E\{U[\pi - S(\pi)]\} = -a + (1-\tau)a \tag{8.7}$$

则委托人中央政府的目标函数为：

$$\max_{a,\tau}[-a+(1-\tau)a] \tag{8.8}$$

4. 参与约束与激励相容约束条件下的最优化问题为：

$$\begin{cases} \max\limits_{a,\tau}[-a+(1-\tau)a] \\ s\cdot t \quad \omega = a+\tau a + x_q \tau \sigma - \dfrac{ba^2}{2} \quad IR \\ a = \dfrac{\tau}{b} \quad IC \end{cases} \tag{8.9}$$

与其等价的最大化问题为：

$$\max_{a,\tau}\left(\frac{\tau}{b} - \omega - \frac{\tau^2}{2b} + x_q \tau \sigma\right)$$

$$\tau^* = 1 - b\sigma |x_q|$$

$$a^* = \omega + 2|x_q|\sigma - 3|x_q|^2 \frac{b\sigma^2}{2} - \frac{1}{2b}$$

$$a^* = \frac{1}{b} - \sigma |x_q|$$

$$E\omega^* = a^* + \tau^* a^* - \frac{ba^2}{2} = \omega + |x_q|\sigma(1 - b\sigma|x_q|) \tag{8.10}$$

(三) 模型改进

我们对财政支出范围和职能划分的原则是，对于经济性生产性的财政支出由地方政府提供，激活地方经济发展潜力，减少中央对地方经济的干预，同时，带有全局意义及较大外部性的财政支出由中央政府支出，加强区域间宏观调控，为此有如下假设：(1) 为了提高投入产出效率，我们将中央与地方共同财政支出事项交给地方政府；(2) 考虑投入产出效率为导向的可由地方政府承担的全国性财政支出事项由地方政府负责；(3) 具有较大外部性以及具有规模经济效应的地方政府财政支出事项由中央政府财政支出负责。

与此同时，我们假设：全国性的财政支出事项为 Q，地方性的财政支出事项为 L，由中央和地方政府共同承担的财政支出事项为 J，需要考虑投入产出效率为导向的可由地方政府承担的支出事项为 Q_1，具有较大外部性以及规模经济的由中央政府负责的地方性财政支出事项为 L_1。

因此，可提出如下假设：

政府的整体财政支出事项为：$G\{Q, L, J\} = \{G_c, G_s\}$

$$\begin{cases} \text{全国性财政支出事项：} \{Q_0, Q_1\} \\ \text{地方性财政支出事项：} \{L_0, L_1\} \\ \text{具有全国性和地方性：} \{J\} \end{cases}$$

依据前面提出的划分财政支出事项的三个原则，则有：

$$\begin{cases} \text{中央财政 } G_c: \{Q, L_1\} \\ \text{地方财政 } G_s: \{L, J, Q_1\} \end{cases}$$

因此，按照上述的原则来划分中央支出与地方政府财政支出事项，规范财政分权，不但可以满足中央与地方政府作为经济人追求自身利益最大化的要求，同时也可以实现社会福利最大化的目标。用 W_c 和 W_s 分别表

示中央政府和地方政府的社会福利函数,则:

$$\begin{cases} W_c = U_c(Q_0 + L_1 - Q_1) \\ W_s = U_s(L_0 + Q_1 - L_1 + J) \end{cases}$$

由此得出社会效用的总福利函数为:

$$W = W_c + W_s = U_c(Q_0 + L_1 - Q_1) + U_s(L_0 + Q_1 - L_1 + J) \tag{8.11}$$

假设:$Q_1 = \alpha G_s$,$L_1 = \beta G_c$,$J = \gamma G_s$,α、β 分别表示中央政府和地方政府将财政支出事项交给对方后获得的收入量占各自支出总量的比例,则社会总效用函数为:

$$\begin{cases} W_c = U_c(Q_0 + \beta G_c - \alpha G_s) \\ W_s = U_s(L_0 + \alpha G_s - \beta G_c + \gamma G_s) \end{cases}$$

为了简化起见,本书用总财政收入 $R(W_c + W_s)$ 作为社会总福利效用的标准,则最优化为:

$$\begin{cases} W = U_c(Q_0 + \beta G_c - \alpha G_s) + U_s(L_0 + \alpha G_s - \beta G_c + \gamma G_s) - \lambda(G_c + G_s - R) \\ s \cdot t \quad G_c + G_s \leq R \end{cases}$$

W 对 G_c、G_s 分别求偏导数:

$$\begin{cases} \dfrac{\partial W}{\partial G_c} = \beta U_c^* - \beta U_s^* - \lambda \\ \dfrac{\partial W}{\partial G_s} = -\alpha U_c^* + (\alpha + \gamma) U_s^* - \lambda \end{cases}$$

我们假设:$\dfrac{\partial W}{\partial U_c} = \dfrac{\partial W}{\partial U_s} \geq 0$,由此可得:

$$\begin{cases} \dfrac{\partial W}{\partial G_c} = -\lambda \\ \dfrac{\partial W}{\partial G_s} = \gamma U_s^* - \lambda \end{cases} \tag{8.12}$$

由以上推导可以得出:将具有较大外部性以及具有规模经济,并能实现跨区域协调职能的地方财政支出事项交给中央财政负责,将以投入产出效率为导向的可由地方政府承担的全国性财政支出事项交给地方财政负责,并且就中央财政和地方财政共同负责的财政支出事项交由地方财政负责,使得社会总效用函数取决于地方政府效用函数,中央政府的效用目标与地方政府的效用目标相一致。此时,不需要建立激励与约束相容机制激励地方政府执行共同承担的财政支出事项。

第二节 财政支出的均衡路径选择——财政转移支付机制的优化

一 财政支出均衡路径定义及财政转移支付机制现状

什么是财政支出的均衡路径？首先中国财政体制的核心内涵是经济分权与垂直的政治治理体制的紧密结合（傅勇、张晏，2007），由此财政支出的均衡路径必定是中央政府和地方政府所共同承担的。在两者的责权利关系上，对中国发展失衡问题研究具影响力和权威性的中国经济增长与宏观稳定课题组（2006）提出了增长失衡与政府财政支出失衡之间的关系，指出中央和地方政府必须改革支出方式，中央政府要通过转移支付协助地方政府。由于区域经济和社会发展的不平衡，导致财政支出规模和结构的不均衡，在政策手段方面，世界各国普遍把财政转移支付作为解决区域非均衡发展的主要手段，财政转移支付也成为我国中央政府影响地方财政支出从而实现各区域经济协调发展的最主要路径。由此，笔者认为，财政支出的均衡路径，是中央政府和地方政府为权责主体，以中央调整转移支付方式为主要手段，合理安排地方转移支付规模，实现财政支出均衡，进而达到区域经济协调增长为目标的政策路径。

Boadway 和 Wildasin（1984）将区域外溢性、财政失衡、劳动力转移所带来的效率损失，地方间横向公平的要求作为转移支付存在的理论依据。在绩效评估方法上，A. Charens、W. W. Cooper 和 E. Rhodes（1978）首次使用线性规划的理论和模型研究经济学中系统效率问题；之后 DEA 方法被广泛地应用于不同区域间实施政府财政支出政策的绩效评价。国外对转移支付对区域经济发展影响的研究，Cashin 和 Sahay（1995）对印度人均可支配收入分析发现转移支付促进了其他地区经济发展的收敛，而 Garcia‐Mila、Teresa 和 McGuire（1996）对欧盟和西班牙的 17 个地区的中央转移支付进行比较研究，发现财政转移支付并没有改善落后地区的经济发展。Gustafsson 和 Nivorozhkina（2005）考察了 1989—2000 年俄罗斯的经济转型如何加剧城市居民收入分配的不平等性。研究得出政府的社会保障制度，如转移支付、津贴收入、补助收入，尽管对提高收入水平起到了一定的作用，但对缩小收入差距却作用甚微。

在国内，随着我国东中西地区之间差距的不断扩大，对如何实现区域经济协调发展上，特别是作为均衡地区之间财政实力的转移支付手段，很多学者对其如何影响区域经济发展进行了广泛的研究。刘溶沧、焦国华（2002）对我国1988—1999年地区间财政能力进行了实证研究，发现转移支付对纵向平衡发挥了重要作用，但对横向平衡的作用却不明显，横向差距甚至有扩大的趋势；马拴友和于红霞（2003）实证检验了1995—2000年转移支付制度的区域均衡效应，也得出了财政转移支付不但没有使我国区域间经济发展收敛，反而扩大了区域之间的差距。曹俊文和罗良清（2006）全面分析了1996—2003年中央转移支付效果，发现现行的转移支付制度对均衡地区之间财力水平起到了一定作用，并且考虑因经济发展水平的差异对中西部地区加大的转移支付力度，对缩小东中西部之间的财力和经济差距发挥了一定作用，但不均衡的局面仍然持续，没有完全消除。江新昶（2007）运用中国分省的面板数据对我国实施的财政转移支付和与区域间发展差距以及经济增长之间的关系进行实证研究，发现我国的财政转移支付制度具有明显的"马太效应"，同样得出了财政转移支付制度没有缩小地区间发展差距的结论。

从前述国内外的实证研究结论来看，转移支付并不一定能够协调区域经济增长，甚至可能出现相反的影响效应。为什么会出现这种情况？除了本书在前面章节已经实证分析的内容，还应再次进一步考虑我国现行的转移支付机制的运行和设计方面所存在的信息效率方面的缺陷。我国现行的财政转移支付机制是在1994年分税制改革的基础上建立的，初衷是为了加强中央政府财政宏观控制能力和区域协调能力，但为了顾全地方利益和推动改革的平稳进展，在措施上采取了"存量不动，增量调整"，重点采取对增量分配重新进行调整，分支出、分收入、分设税务机构、实行税返。这样就形成了"分级包干"制中的转移支付和分税制中提出的转移支付的混合体。这样的结果，使得财政转移支付的双向流动事实上形成了中央政府和地方政府"议价能力"比较，受到体制因素影响，财政转移支付运行机制实际是地方和中央政府博弈的结果，而中央政府往往处于信息弱势的一方。解决这一问题的关键是中央和地方政府纵向信息不对称导致的转移支付申报和审批规模的问题。

二 财政转移支付机制的总量控制优化——中央和地方政府纵向信息不对称博弈

由于财政转移支付实质是解决纵向财力不平衡问题,其大小主要是由于支出责任和财政收入两者各自在政府间的划分和分布差异引起的。虽然提升地方政府的税收自治权可以减轻这个问题,但却不利于平衡及缩小地区间的经济发展差距。中央政府在自主权方面有较大的权力优势,而地方政府在转移支付的需求方面有较大的信息优势,考虑到转移支付带来的直接收益和较低的获取成本,落后地区政府在信息方面有夸大缺口倾向,并且形成转移支付依赖,失去发展经济的内在动力。从博弈论的观点,这个问题实质是一个纵向信息的隐藏问题,解决这一纵向信息隐藏问题需要进行财政转移支付制度在总量控制方面的优化设计。

据此,一个理想的制度设计是能够让中央政府发挥权力优势合理安排地方转移支付规模,让地方展现信息优势使得中央获得真实的转移支付需求信息,从而实现中央和地方政府的政策目标。

1. 相关模型设定

(1) 按照纳什在纳什均衡的理性主义和群体行为中对概率、频率和比例的分析,以下涉及的两个概率应分别理解为地方政府在政治生命周期内申请转移支付而采取某种措施的比例和中央政府审批项目中采取某种方式审批的比例,遵循传统博弈中的描述方式以下仍统称为概率。

(2) 博弈两方为中央政府和需要财政转移支付的地方政府,并且构成一个纵向等级组织,设中央政府为 A,地方政府为 B。中央政府 A 按照区域经济协调发展的依据制定地方政府的财政支出规模的预算定量目标为 W,此处 W 是区域经济协调增长意义的财政支出均衡量,也是申报转移支付规模的上限。

(3) 地方政府 B 根据中央政府 A 公布的财政支出目标和自己的财政支出能力,向中央政府 A 申请财政转移支付规模 Z。地方政府有两种信息上报策略,一种是夸大转移支付需求 Z_1,另一种是根据实际情况上报 Z_2,从理性决策人设定中可以排除低报 Z 的情况。

(4) 政府都是理性决策人,中央政府追求的目标是在保证财政支出规模为 W 前提下的转移支付规模最小化,地方政府追求的目标是在总量规模为 W 的约束下上报不同信息选择(夸大或者据实报告)下的收益最大化。

(5) 中央政府对地方政府的申报有两种处理方式:第一种,审核后同意申报，设审核成本为 C_{A1}；第二种，审核后，削减一定程度的申报规模。从现实经验来看，中央政府并不一定根据地区是否实报或者夸大来进行削减，而是受到多种因素的影响（往往和当时的财政政策宽松环境、当年的财政总量目标及地方政府的议价能力有关）。此处假设中央政府对于地方政府的申报削减存在一个概率 α，削减程度为 θ，另外削减程度的依据往往受到包含 C_{A1} 在内的更大的成本的影响（例如在审核中发现问题，为了确认问题的真实情况和严重程度，往往需要支付更大的调查成本），此处设为 C_{A2}。C_{A1} 和 C_{A2} 均会挤占中央政府的财政资源，在计算中央政府的博弈支付时，本处将其作为中央政府 W 目标下的扣减项。

（6）作为地方政府，既受到虚报将接受行政或者法律惩罚的约束又受到未发现虚报时可以取得收益的驱动，假设其虚报行为存在一个 β 的概率。而当其虚报时，还存在着篡改信息、掩饰数据、游说和公关等费用，从而有成本 C_B，另外可以考虑 C_B 中包含地方政府预期中央政府对地方政府虚报的某种类型的惩罚，但如果中央政府通过宣传或者公布惩戒案例来试图控制 C_B 的预期大小，那么即使短期有效，但从长期来看，并不能起到中央政府的预期作用，模型分析中也将说明这一点。

2. 模型分析

（1）在中央削减预算的概率为 α，地方政府夸大申报的概率为 β 的情况下，中央和地方政府的期望支付分别为：

$$E_{AP} = (1-\alpha) \times \beta \times (W - Z_1 - C_{A1}) + (1-\alpha)(1-\beta)(W - Z_2 - C_{A1}) + \alpha \times \beta \times [W - Z_1 \times (1-\theta) - C_{A2}] + \alpha \times (1-\beta) \times [W - Z_2 \times (1-\theta) - C_{A2}]$$

$$E_{BP} = (1-\alpha) \times \beta \times (Z_1 - C_B) + (1-\alpha)(1-\beta)(Z_2) + \alpha \times \beta \times [Z_1 \times (1-\theta) - C_B] + \alpha \times (1-\beta) \times [Z_2 \times (1-\theta)] \tag{8.13}$$

可以求得博弈的混合策略均衡时的 α 和 β 解，$\alpha = \frac{1}{\theta}\left(1 - \frac{C_B}{Z_1 - Z_2}\right)$ 及 $\beta = \frac{1}{Z_1 - Z_2}\left[\frac{1}{\theta}(C_{A2} - C_{A1}) - Z_2\right]$，即此处有均衡意义上的概率解存在。但更有分析价值的是下面中央和地方政府对 α 和 β 大小的影响作为政策工具的博弈过程。

（2）比较地方和中央政府在博弈过程中的收益，以下不等式揭示了中央和地方政府在博弈过程中将 α 和 β 大小作为政策工具及其影响。

1）中央政府通过确定以下地方政府收益的不等式，将使得地方政府

的实报 Z_2 的策略始终优于谎报 Z_1 的策略。

$$(1-\alpha) \times (Z_2) + \alpha \times [Z_2 \times (1-\theta)] > (1-\alpha)(Z_1 - C_B) + \alpha \times [Z_1 \times (1-\theta) - C_B]$$

由此可以解出 $\Rightarrow \alpha > \dfrac{1}{\theta}\left(1 - \dfrac{C_B}{Z_1 - Z_2}\right)$

因此，地方政府可以影响的因素为 $\dfrac{C_B}{Z_1 - Z_2}$，若地方政府产生相对其虚报成本更大幅度的转移支付需求的虚报，理性的中央政府必须能够提高削减的概率和削减的程度，使得地方政府的虚报行为失去意义，但如果中央政府每次审批的 α 决策更多地体现出一种惯性不变或者仅仅是依据历史经验，地方政府的申报过程都将会产生更大幅度虚报的动力。

其次，如设定中所描述的，此处如果考虑 C_B 中包含地方政府预期中央政府对地方政府虚报的某种类型的惩罚，则中央政府通过某种信息途径（如对外颁布更严厉的违纪处罚措施，加强违纪案例教育等）影响 C_B 预期大小，可以降低 α 而提高自己的效用和成本。但从长期来看，中央政府审批通过的概率 $1-\alpha$ 将上升（形成此结果的关键是中央政府作为理性人的假设，审核并确认削减的成本总是试图最小化），对于地方政府来说其虚报的预期收益将上升，使得中央政府影响 C_B 的大小预期来抑制地方虚报的努力是无效的，在式（8.14）中可以看出 β 值并不受 C_B 的影响，此处结论与 1994 年诺奖获得者 Reinhard Selten 提出的激励悖论中类似。

2）地方政府通过确定以下中央政府收益的不等式，使得中央政府始终同意地方政府的申报，即虚报的概率要低于某一上限。

$$\beta \times (W - Z_1 - C_{A1}) + (1-\beta)(W - Z_2 - C_{A1}) > \beta \times [W - Z_1 \times (1-\theta) - C_{A2}] + (1-\beta) \times [W - Z_2 \times (1-\theta) - C_{A2}] \Rightarrow \beta < \dfrac{1}{Z_1 - Z_2}\left[\dfrac{1}{\theta}(C_{A2} - C_{A1}) - Z_2\right]$$

(8.14)

首先，这个不等式对于中央政府的政策意义——中央政府的可影响因素为 $\dfrac{1}{\theta}(C_{A2} - C_{A1})$，即在审核地方政府的转移支付缺口的过程中，若能在保证相同削减程度下实现更低的调查费用，或者相同费用下更高的削减程度，将能够更好地限制地方政府的虚报行为。

其次，在公式中可以看到地方政府在考虑 β 值的时候，C_B 值并未进入公式。在政策含义上说，C_B 值对中央政府确定 α 值是有意义的，但试图通过加强惩罚力度来增大 C_B 值的预期,从长期来看并不可行,这是中央政府作为理性人试图把审核削减过程中产生的成本最小化的行为抵消了这种努力的结果。破解这个悖论的关键还是在于必须保证中央的审批资源和资金的充分使用,而且要尽量避免中央某些职能部门的利己行为。

三 财政转移支付机制的结构控制优化

当前,我国财政转移支付结构和财政支出目标存在严重不匹配的现象。从财政支出服务于区域经济协调发展的目标上来说,财政转移支付是为协调区域经济增长的差距,提供均等化的公共产品和服务,这就意味着财政支出的规模要倾向于弱势地区,财政支出的结构要以一般性转移支付为主,专项转移支付要以帮助地方经济发展为重。

1. 见表 8-2。近十年来,在我国的转移支付结构中,专项转移支付比重过大,高于税收返还和一般性转移支付的平均比重。而一般转移支付具有较强的均等化的意义,其收入效应要大于专项转移支付,对拉动居民收入水平增加,促进消费,缩小地区间经济差距的作用要优于专项转移支付。从发达国家的经验数据来看,往往一般转移支付占到全部转移支付的 50% 以上,这对提升落后地区居民公共服务品质,提高消费能力,进而通过转移支付乘数拉动经济发展才有现实意义。

表 8-2　　　　　我国财政转移支付的规模和结构

项目 年份	转移支付 总额 (亿元)	专项转移 支付 (亿元)	一般性 转移支付 (亿元)	税收返还 (亿元)	专项转移支付占 转移支付总额 百分比(%)	一般性转移支付 占转移支付总额 百分比(%)	税收返还占 转移支付总额 百分比(%)
2001	6117.2	2203.5	1604.8	2308.9	36.03	26.23	37.74
2002	7352.7	2401.8	1944.1	3006.8	32.67	26.44	40.89
2003	8058.2	2391.7	2241.2	3425.3	29.68	27.81	42.51
2004	10222.4	3237.7	2933.7	4051.0	31.67	28.70	39.63
2005	11120.1	3647.0	3715.7	3757.3	32.80	33.41	33.79
2006	13589.4	4634.3	5024.9	3930.2	34.10	36.98	28.92
2007	17325.1	6186.9	7017.2	4121.0	35.71	40.50	23.79
2008	22170.5	9397.3	8491.0	4282.2	42.39	38.30	19.31
2009	28563.8	12359.9	11317.4	4886.5	43.27	39.62	17.11
2010	32341.1	14112.1	13235.7	4993.4	43.64	40.93	15.44

资料来源:根据中华人民共和国财政部网站 2001—2010 年财政决算等相关数据整理。

2. 如表 8-2、表 8-3、图 8-1 所示。近十年来，我国专项转移支付和一般性转移支付的占比及增长率波动较大，这种波动反映了中央对地方财政支出的目标和范围存在着模糊性。第一，从转移支付的效果和用途来看，多数专项转移支付一般为解决短期特殊问题，这就导致专项转移支付追求短期效率的一面。主要体现为中央政府的调控目标、应对突发性、特殊性的项目，其影响往往也体现在短期，对长期解决地区结构性差异问题不佳。第二，从中央和地方政府的博弈结果来看，在专项转移支付的资金安排上，受"基数法"影响较多。而一般性转移支付采用的"因素法"虽在理论上优于"基数法"，但在实践中很难通过指标与权数真正反映区域特质和差异，使得专项转移和一般性转移对区域经济差距的"趋同作用"受到较大影响。第三，从转移支付涉及的政府监视权来看，中央和地方对于项目的开支责任并不明确，而地方政府利用非对称信息优势，可以采取有利于自己的策略，这就直接导致出现财政转移支付结构的效率和效果问题。

表 8-3　　我国财政转移支付的变化趋势　　单位：%

年份\增长率	转移支付总额（环比增长率）	专项转移支付（环比增长率）	一般性转移支付（环比增长率）	税收返还（环比增长率）	专项转移支付/转移支付总额（环比增长率）	一般性转移支付/转移支付总额（环比增长率）	税收返还/转移支付总额（环比增长率）
2002	20.20	9.00	21.14	30.23	-9.33	0.80	8.35
2003	9.60	-0.42	15.28	13.92	-9.15	5.18	3.96
2004	26.86	35.37	30.90	18.27	6.70	3.20	-6.77
2005	8.78	12.64	26.66	-7.25	3.57	16.41	-14.74
2006	22.21	27.07	35.23	4.60	3.96	10.69	-14.41
2007	27.49	33.50	39.65	4.85	4.72	9.52	-17.74
2008	27.97	51.89	21.00	3.91	18.71	-5.43	-18.83
2009	28.84	31.53	33.28	14.12	2.08	3.45	-11.39
2010	13.22	14.18	16.95	2.18	0.86	3.31	-9.76

资料来源：由表 8-2 进行环比计算。

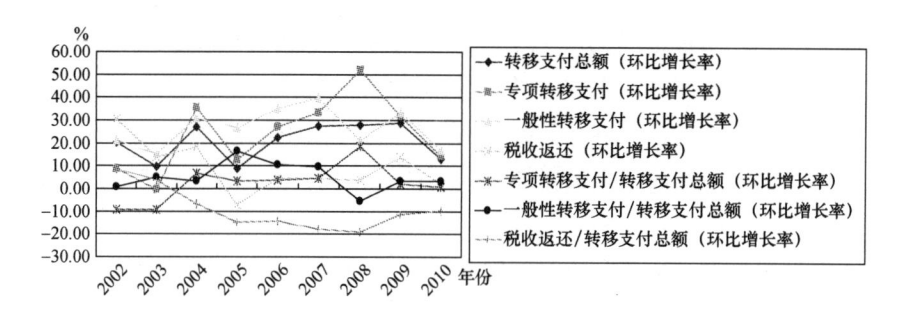

图 8-1 我国财政转移支付的环比增长率折线图

资料来源：由表 8-2 进行环比计算。

从以上分析可以看出，当前在财政转移支付结构和目标上的模糊性，削弱了中央政府实现区域经济协调增长的财政政策支出影响力；而市场机制下的富裕地区的经济要素集聚效应和弱化的财政转移支付结构协调能力，使得我国财政转移支付制度并没有完全发挥均衡区域间财政实力差距，虽有一定的实现区域经济协调增长的作用（如前述实证结果显示），但在协调效率和协调速度方面一定程度上减缓了收敛的形成。

第三节 财政支出结构优化机制设计

本章第一节分析了中央政府和地方政府的权力安排，而第二节中则着重分析了中央政府和地方政府的信息机制问题。在第三节中，则主要从中央政府协调和约束发达和落后地方政府的财政支出方面，探讨财政支出结构的优化协调机制问题。本节根据国民收入均衡模型，探讨在区域经济协调增长目标下，如何优化地区间财政支出结构，并提出优化机制及相应政策含义。

一 财政支出结构优化的模型分析

（一）关于贸易作用于国民收入水平及区域协调的机制

考虑到国民收入均衡模型中贸易对区域协调的作用机制比较特殊，本节侧重于讨论贸易对这一问题的影响。贸易分国际贸易和区际贸易。本书从这两个方面阐述其与区域协调增长的关系。

1. 国际贸易及外商投资对我国区域协调的影响

魏后凯（2002）利用外商投资和中国经济增长的区域经济协调性数

据实证研究了二者之间的关系，计量统计结果表明：1985—1999 年，东部沿海地区和西部地区影响 GDP 增长率差异的因素中，外商投资因素占 90% 左右。王小鲁、樊纲（2004）指出，制定以市场为导向的政策导致外商直接投资和国内私人投资涌入东部，大大加快了东部地区的发展，也显著扩大了国内地区差距。

部分研究也显示贸易环境差异对区域协调增长带来了影响。由于区位条件的不同，沿海省份参与世界经济一体化的程度远超过内陆其他省份。非均衡的增长模式导致严重依赖对外贸易。改革开放初期，我国经济发展的外贸依存度为 9.74%，不足 10 个百分点；1985 年突破了 20 个百分点；到 1995 年，已经接近 40 个百分点。虽然在中间阶段出现波动，到 21 世纪初的 2003 年，已经达到了 50% 以上，并于 2006 年达到历史最高点 64.81%。当然，对外贸易依存度的提高是我国改革开放实效的表现，体现我国经济高度开放性的特点。然而，它同时也传递出了不乐观的信息：我国目前的经济增长模式过多依赖对外贸易，经济安全性较差，使我国经济整体上易受国际市场环境波动影响，抗风险能力不强；另外，我国对外贸易绝大部分发生在沿海发达区域与国外市场之间，使东南沿海地区忽略了与国内内陆地区之间的经济合作。

2. 当前应大力发展区际贸易，以抵抗外部风险，促进区域协调

（1）区际贸易溢出模式的需求层面。区域经济增长意味着当地人均收入水平得以提高，同时将进一步增加消费者对本地产品和进口产品的需求，从而刺激当地和外国制造商扩大生产，并通过区域间贸易不断变化的需求和生产要素的流动，满足商品跨区域流动的条件，扩大居民需求和企业产能扩张的需求。区域间贸易和要素流动也有密切的联系，可以看作各种生产要素和商品贸易流结合起来，形成流动的"综合因素"。因此，区域间贸易相当于跨区域流动的生产要素，在本质上被视为生产流动的因素，更精确地说，是生产要素的间接的跨区域之间的流动。

（2）区际贸易对区域协调增长的作用机制。区际贸易是在区域之间扩大贸易活动。由于不同地区的资源禀赋，在不同的子区域生产同样的商品，其生产成本会因此而不同。该地区在多样化的导向下，将自身利益的经济合理性作为最大的驱动力，生产有绝对优势或相对优势的商品，并通过在该地区的市场交换获得不具优势的商品。贸易不仅能满足不同地区消费者的不同需求，同时也是区域性生产的消费产品开拓更广阔的市场的重

第八章　基于区域协调增长的财政支出体系优化的路径选择与机制设计

要途径；生产者也可通过贸易交换获得本地区生产所需要的物质资料，克服资源有限性的制约，从而提高了整体的真正的社会财富和收入。因此，双方的贸易产品和贸易条件是互利的。加深对贸易的市场范围的扩大是一个显著的驱动力，将使得市场不断扩大，以帮助促进劳动力跨区域分工的深化和提高专业水平，从而获得产品的规模经济，并促进区域协调增长。此外，在双边贸易地区，促进贸易将享受到地域分工带来的生产产品的创新和改进，从而提高劳动生产率，这使得区域收入水平提高，在此基础上进一步扩大需求。如此循环，不同地区之间相辅相成，共同获得区域间贸易带来的增长收益，区域协调增长得以实现。

虽然从贸易和经济增长之间的关系的理论角度来看，多数学者认为这两者之间存在正相关关系，但是，也有一些学者持反对的意见。如"不平等交换"理论、"贸易恶化"理论、"比较优势陷阱"理论、"依赖大宗产品"理论等。但是，地区间贸易作为在共同的经济现象出现在各个国家，在历史上绵延至今。中国著名的"丝绸之路"、"茶马古道"等古代贸易之路就是历史的证据。事实上，已经开展的区域间贸易并不仅限于交流，而且也满足消费者的多样化需求，它促进了各方面的交流，包括政治与经济、社会与文化等，从而带动地区之间经济增长的协调，虽然不同层次中得到的区域贸易交流的最初利益可能不相等。

亚当·斯密在《国富论》中认为，中国幅员辽阔，拥有庞大的人口，多数制造业仅在国内市场就可以有很大的市场，并可以进行很精细的产业分工。大国的地区之间的区际贸易可以实现的巨大商业利益，在某种意义上，就等同于作为一个小国的国际贸易能够获得的贸易利益。此外，在贸易的过程中，由于主权国家在该国国内贸易的增加，而减少了关税、配额等国际贸易摩擦，这是通常被称为"主权优势"。经过三十多年的改革开放，中国经济发展的快速增长表明，外贸拉动在中国经济增长中已经发挥了重要作用，但在此阶段，更应注意国内区际贸易对于经济增长所应当发挥的作用，尤其是在2008年金融危机后更加脆弱的国际外部市场环境下，更应运用大国优势，着力推进区际贸易，方能有效地稳定总体经济增长，实现区域协调增长。

（3）我国区际贸易现状。铁路是区域间贸易货物运输最重要的运营载体，尤其是需要运输长途大宗货物的区际交通，所以我们使用商品的跨省铁路运输的比重，以反映省际贸易格局。表8-4以省际铁路货物运输比重作为研究对象，从一定程度上可以看出我国区际贸易的格局。

表 8-4　　2008 年我国各省通过铁路运输的商品贸易结构

单位：%

省份	省内市场	大区市场	全国市场	省份	省内市场	大区市场	全国市场
北京	5.94	54.07	39.99	湖北	34.1	13.32	52.58
天津	10.5	49.96	39.53	湖南	36.6	8.61	54.79
河北	41.97	34.28	23.76	广东	22.05	1.04	76.91
山西	6.51	4.09	89.4	广西	24.73	36.77	38.51
内蒙古	26.98	1.64	71.38	海南	86.84	5.26	7.89
辽宁	71.63	12.53	15.84	重庆	37.58	40.51	21.91
吉林	29.56	45.22	25.22	四川	48.31	21.59	30.1
黑龙江	42.78	40.09	17.13	贵州	24.35	48.5	27.16
上海	6.13	9.68	84.19	云南	36.72	31.61	31.67
江苏	17.96	6.17	75.87	西藏	0	46.15	53.85
浙江	56.38	3.21	40.41	陕西	28.6	9.45	61.95
安徽	51.54	8.19	40.28	甘肃	37.05	8.62	54.34
福建	54.42	5.11	40.47	青海	31.65	14.5	53.85
江西	42.78	13.67	43.54	宁夏	20.82	34.48	44.7
山东	36.61	10.21	53.18	新疆	31.68	27.1	41.22
河南	21.61	2.46	75.93				

资料来源：姜文仙（2011）。

上述数据显示，目前我国各省区之间经济联系比较薄弱，自成体系、自我封闭、自我循环的现象普遍存在，全国市场被割裂开来，未能有效形成统一市场。其中，有辽宁、海南、浙江等 9 个省份省内自循环贸易比重超过 40%，18 个省份大区市场循环比例不超过 20%，其中上海、江苏、浙江、湖南等省份大区市场的循环比重甚至低于 10%，海南、黑龙江、辽宁的全国性贸易占比不到本地区贸易的 20%。仅有少数省份与全国市场建立了密切的贸易联系。在全国贸易占本地区贸易总额比重超过 70% 的 6 个省份中，也呈现结构比较单一的局面，大致可以分作三类：第一类是能源输出型，全国性贸易是能源产品，如内蒙古、山西；第二类是制成品输出型，如广东、上海、江苏全国性区际贸易联系紧密，经济增长居于前列；第三类是初级产品贸易型，如作为玉米、小麦等农产品的主产地的河南，与其他区域建立了全国性贸易往来。从上述可以看出，在建立了全国性区际贸易往来的省份里，也存在结构单一，同时缺乏双向性的特点，我国区际贸易的深化程度远远低于国际贸易深化程度。

（4）我国财政支出政策应侧重在区际贸易中的作用。由上述可以看出，对外贸易构成了我国区域经济增长失衡的重要原因，而这一不断循环并自我增强的趋势来自市场的力量，邵昱晔（2012）指出对外贸易作用与产业集聚的机制在于促进了国内外市场需求扩大，并强化了优势产业专业化生产，最终导致市场扩张，促进产业集聚；因此，作为改善这一现象的政府财政支出，其促进全国区域协调的贸易途径则是区际贸易，促进国内商品要素市场的一体化，扩大国内贸易占全国贸易中的比例。而我国具备大力发展区际贸易的资源、要素和市场，因此目前我国的财政支出政策应主要着力于发展区际贸易。由于在国民收入均衡四部门模型中的贸易仅指进出口贸易，即对外贸易，故而，本节在下面设定国民收入均衡模型分析财政支出结构优化的机制中，将对外贸易对财政支出政策的影响设置为零，即对外贸易不影响侧重于国内区际贸易的财政支出体系，而关于如何加强财政支出在我国区际贸易中的作用问题，本书将在后面政策建议部分给出参考。

（二）本部分将采用三个部门的国民收入均衡模型进行分析：

$$Y = C + I + G \tag{8.15}$$

假设一个区域内存在两个地区，一个发达地区（1）和一个落后地区（2），用 i 表示地区，$i = 1, 2$。

财政支出额等于税收总额，而税收总额是国民收入的函数：

$$T_i = T_{ia} + t_i Y_i \quad i = 1, 2 \tag{8.16}$$

T_{ia} 表示两个地区与国民收入无关的自发税收，且 $T_{1a} > T_{2a} > 0$；t_i 为两个地区的税率，为了方便起见，我们假设两个地区的税率相等：$t_1 = t_2 = t$，并且 $0 < t < 1$ 为常数。

两个地方的财政支出 $G_i(G_1 > G_2)$ 分为两个部分：政府购买 $\theta_i G_i$（$0 < \theta_i < 1$）和 $(1 - \theta_i) G_i$ 转移支付。为了分析方便，初始阶段两个地区的政府购买和转移支付的比例相等；同时，将转移支付看作负税收范畴，此时式（8.16）变为：

$$T_i = T_{ia} + tY_i - (1 - \theta_i) G_i \tag{8.17}$$

两个地区社会消费支出是国民收入减去税收后的函数：

$$C_i = C_{ia} + c_i(Y_i - T_i) \tag{8.18}$$

C_{ia}表示两个地区的自主消费：$C_{1a} > C_{2a}$；c_i为两个地区的边际消费倾向，为了简化分析，单独考察财政支出结构对区域经济发展影响，由边际消费递减规律假设：发达地区拥有较低的边际消费倾向，欠发达地区边际消费倾向较高，$c_1 < c_2$；Y_i表示两个地区国民收入：$Y_1 > Y_2$。

将式（8.17）代入式（8.18）可得两个地区消费支出函数：

$$C_i = C_{ia} + c_i(1-t)Y_i - c_i T_{ia} + c_i(1-\theta_i)G_i \tag{8.19}$$

在三个部门地区经济系统中，计划总支出包括计划消费支出、投资支出和政府支出三个部分：

$$AE_i = C_i + I_i + \theta_i G_i \tag{8.20}$$

I_i表示两个地区的投资总额：$I_1 > I_2$。

将式（8.19）代入式（8.20）可得：

$$AE_i = C_{ia} + c_i(1-t)Y_i - c_i T_{ia} + I_i + \theta_i G_i + c_i(1-\theta_i)G_i \tag{8.21}$$

由国民收入均衡条件可知：

$$\begin{cases} Y_{iP} = AE_i \\ AE_i = C_{ia} + c_i(1-t)Y_i - c_i T_{ia} + I_i + \theta_i G_i + c_i(1-\theta_i)G_i \\ Y_{ip} = Y_i \end{cases} \tag{8.22}$$

由式（8.21）、式（8.22）可以解得均衡国民收入为：

$$Y_I = \frac{1}{1-c_i(1-t)}[C_{ia} - c_i T_{ia} + I_i + \theta_i G_i + c_i(1-\theta_i)G_i]$$

因此，发达地区均衡国民收入为：

$$Y_1 = \frac{1}{1-c_1(1-t)}[C_{1a} - c_1 T_{1a} + I_1 + \theta_1 G_1 + c_1(1-\theta_1)G_1] \tag{8.23}$$

落后地区均衡国民收入为：

$$Y_2 = \frac{1}{1-c_2(1-t)}[C_{2a} - c_2 T_{2a} + I_2 + \theta_2 G_2 + c_2(1-\theta_2)G_2] \tag{8.24}$$

在这里我们定义两个地区初始差距：

$$L_0 = Y_1 - Y_2 \quad L_0 > 0 \tag{8.25}$$

将式（8.23）、式（8.24）代入式（8.25）中可得：

$$L_0 = \frac{1}{1-c_1(1-t)}[C_{1a} - c_1 T_{1a} + I_1 + \theta_1(1-c_1)G_1 + c_1 G_1] - \frac{1}{1-c_2(1-t)}$$

$$[C_{2a} - c_2 T_{2a} + I_2 + \theta_2(1-c_2)G_2 + c_2 G_2] \tag{8.26}$$

第八章 基于区域协调增长的财政支出体系优化的路径选择与机制设计

为了单独考察财政支出结构对区域经济发展影响，我们对其他变量进行假定 $1-t=a$；$C_{1a}-c_1T_{1a}+I_1=b_1$，$C_{2a}-c_2T_{2a}+I_2=b_2$ 且 $b_1>b_2$，则式（8.26）化简可得：

$$L_0 = \frac{1}{1-c_1a}[b_1+\theta_1(1-c_1)G_1+c_1G_1] - \frac{1}{1-c_2a}[b_2+\theta_2(1-c_2)G_2+c_2G_2] \tag{8.27}$$

由式（8.23）、式（8.24）、式（8.27）可以看出：在 C_{ia}、c_i 是由经济发展水平决定的，税率 t 是由中央政府统一调控的，地方政府没有实际税率决定权以及 T_{ia} 在短期内不变的情况下，地方政府能够通过政府购买所占财政支出比例，调节财政支出结构，即 θ_i 的大小影响区域经济发展差距。

所以，在地方官员升迁与地方 GDP 挂钩的情况下，地方政府必然以最大化本地区国民收入为目标，而不会考虑区域经济差异：无论是发达地区还是落后地区，都竞相提高政府购买的比例，以提高本地区国民收入水平，造成区域经济差距不断扩大。而地方政府不断提高政府购买占财政支出比例是因为政府支出乘数的作用。

对式（8.23）、式（8.24）中 G_1、G_2 求一阶导数可得：

$$\frac{\partial Y_1}{\partial G_1} = \frac{\theta_1(1-c_1)+c_1}{1-c_1a} \tag{8.28}$$

$$\frac{\partial Y_2}{\partial G_2} = \frac{\theta_2(1-c_2)+c_2}{1-c_2a} \tag{8.29}$$

又因为：$0<c<1$，$0<a<1$，$0<\theta_i<1$，所以：

$$\frac{\partial Y_1}{\partial G_1}>0 \tag{8.30}$$

$$\frac{\partial Y_2}{\partial G_2}>0 \tag{8.31}$$

由式（8.30）、式（8.31）我们可以知道，政府支出增加能够促进国民收入的增加，政府支出的减少会造成国民收入的减少，政府购买对国民收入具有扩张效用。

因此，设计优化地区财政支出结构协调机制，便成为实现区域经济协调增长的关键。

二 模型分析及机制设计

1. 在没有以区域经济协调增长为目标的约束机制设计下,各个地区都以本地区国民收入最大化为目标

$$\max Y_1 = \frac{1}{1-c_1 a}[b_1 + \theta_1 G_1 + c_1(1-\theta_1)G_1] \tag{8.32}$$

$$\max Y_2 = \frac{1}{1-c_2 a}[b_2 + \theta_2 G_2 + c_1(1-\theta_2)G_2] \tag{8.33}$$

而根据 Barro (1990) 和 Karras (1996) 法则,政府支出的最优规模为政府财政支出的边际生产率为1,即 $MPG=1$。而在本部分中,我们认为财政支出最佳结构为,政府支出达到最佳规模,即政府支出乘数等于1。基本的经济含义是当政府支出乘数大于1时,政府每增加一单位政府支出,则会带来大于1单位的国民收入,此时,增加政府支出,可以提高国民收入的增长速度;当政府支出乘数等于1时,政府每增加一单位政府支出,则会带来相同1单位的国民收入;当政府购买乘数小于1时,政府每增加一单位政府支出,则会带来小于1单位的国民收入,此时说明政府支出过度,减少政府支出才能提高国民收入快速增长,这说明国民收入是政府购买凹函数。

因此,此时,两个地区政府支出最优规模条件为:

$$\frac{\partial Y_1}{\partial G_1} = \frac{\theta_1(1-c_1)+c_1}{1-c_1 a} = 1 \tag{8.34}$$

$$\frac{\partial Y_2}{\partial G_2} = \frac{\theta_2(1-c_2)+c_2}{1-c_2 a} = 1 \tag{8.35}$$

解式 (8.34)、式 (8.35) 可得:

$$\theta_1 = \frac{1+tc_1}{1-c_1} \tag{8.36}$$

$$\theta_2 = \frac{1+tc_2}{1-c_2} \tag{8.37}$$

因为,$0<c_1<1$,$0<t<1$,$0<c_2<1$,θ_1 和 θ_2 大小取决于 c_1、c_2 的大小,发达地区 c_1 小于落后地区 c_2(平均消费倾向和边际消费倾向递减规律)。

此时:$\theta_1 < \theta_2$ \hfill (8.38)

将式 (8.36)、式 (8.37) 代入式 (8.32)、式 (8.33) 中可得:

$$Y_1 = \frac{1}{1-c_1 a}[b_1 + (1+tc_1)G_1 + c_1 G_1] \tag{8.39}$$

$$Y_2 = \frac{1}{1-c_2 a}[b_2 + (1+tc_2)G_2 + c_2 G_2] \tag{8.40}$$

结论：

（1）在没有确定 θ 最佳比例之前，由式（8.27）可以看出，在其他变量一定的情况下，两个地区国民收入差距的大小取决于 $\theta_1(1-c_1)G_1$ 和 $\theta_2(1-c_2)G_2$ 大小；如果发达地区政府不以政府支出最优规模确定自己最优支出结构，那么 θ_i 就是两个地区博弈的信息；如果 $\theta_1 \geq \theta_2$，那么两个地区之间的级差越来越大，区域之间经济差距越来越大，发展越不均衡。

（2）两个地区政府都以最佳支出比例进行支出，由式（8.38）可知，$\theta_1 < \theta_2$，此时，$\theta_1(1-c_1)G_1$ 和 $\theta_2(1-c_2)G_2$ 之间的差距缩小，能够促进区域经济协调增长。以区域经济协调增长为目标的，协调地区之间政府支出结构优化是建立在政府以最佳财政支出规模基础之上的。

2. 区域经济增长协调目标下的财政支出的协调机制设计原则

1994 年伴随着地方自主财政权力扩大，特别是每个地方增加生产性支出，以最大限度地促进地方经济迅速发展；由于缺乏有效的协调机制，使得每个地区的财政支出结构不会考虑相邻地区的情况，因而，造成地方财政支出不经济，同时造成了地方之间差距的不断扩大。因此，这种协调机制是以优化地方财政支出结构为手段，实现区域经济协调增长为目的，并且这个机制是建立在政府最佳支出规模的基础上的，为使该协调机制真正发挥其作用，必须至少满足三个条件：

一是该机制能够使参与者收益大于成本，调动参与者的积极性，使其有动力去做机制设计者所希望做的事或者达到的目的，即"激励问题"；二是参与者如果不遵守协议，要受到一定的惩罚，约束其参与协调机制，即"约束问题"；三是该协调机制运行成本比较低，参与者都能接受，一般是可选择各种机制方案中成本最低的，即"成本问题"。而成本问题最主要体现在信息上，由于地区之间差异，造成信息不对称，一个分散决策的社会系统中，使众多分散的信息集中到协调者的身上做出决策，其本身就是一件耗时耗力的事情。

一个机制设计中涉及的信息越多，那么它的运行成本就会越高，这就告诉我们在设计机制时，尽量减少所需的信息量。在本部分中，政府支出最优规模既是实现本地区支出效率最大化，国民收入增长最大化的条件，也是实现地区财政支出结构优化的基础。在测定政府最优支出规模时，将财政支出分为政府购买和转移支付两部分，让政府购买乘数作为1，减少由于细分教育支出、行政支出、经济建设支出等信息收集成本太高导致的机制运行成本太高而被搁浅，从而达不到实际效果的情况。

3. 机制设计

经过以上分析，我们设计的优化地区财政支出结构协调机制，为实现区域经济协调增长提供了法则。

法则一：$\frac{\partial Y_1}{\partial G_1}$ $\frac{\partial Y_2}{\partial G_2}$ 两者是否达到最优。

法则二：$\frac{\partial Y_1}{\partial G_1}$ $\frac{\partial Y_2}{\partial G_2}$ 两者的大小。

下面我们将综合法则一和法则二，设计优化地区财政支出结构协调机制。

（1）当$\frac{\partial Y_1}{\partial G_1} > 1$并且$\frac{\partial Y_2}{\partial G_2} > 1$，此时无论$\frac{\partial Y_1}{\partial G_1}$大于还是小于或者等于$\frac{\partial Y_2}{\partial G_2}$，发达地区都不会降低本地区政府购买占财政支出的比例，因为两个地区政府购买并没有达到最优比例，存在政府购买支出不足，没有充分发挥政府购买乘数作用；因此，此时协调者应该要求两个地区都不断提高政府购买比例，以保证两个地区国民收入最大增长。如果落后地区，因为贫困等问题，而将财政支出过多地用在转移支出上，从而降低了θ_2政府购买的比例，两个地区的经济差距因落后地区财政支出结构不合理而扩大；此时，中央政府应该加强对落后地区的转移支付，以保证落后地区发展，况且，此时落后地区政府购买乘数要大于发达地区的政府购买乘数。所以，使落后地区财政支出结构达到最优，并加强对落后地区转移支付是缩小区域差距，实现协调增长的最佳途径。而中央政府可以对发达地区未以最优结构支出部分进行征税，补贴落后地区财政支出，既设计了让发达的地区以最优支出结构支出机制，又促进了落后地区的发展，调整了区域经济差距扩大问题。

（2）当$\frac{\partial Y_1}{\partial G_1} < 1$但$\frac{\partial Y_2}{\partial G_2} > 1$时，此时发达地区政府购买支出比例过大，乘数效用小于1，政府购买规模不经济，所以，此时，发达地区在中央政府协调区域经济发展的机制下被激励，将超过$\frac{\partial Y_1}{\partial G_1} = 1$，政府购买的比例转移到政府转移支付或者对将这部分政府购买比例横向补贴给落后地区，此时，区域经济之间的差距缩小。

（3）当 $\frac{\partial Y_1}{\partial G_1} < 1$ 且 $\frac{\partial Y_2}{\partial G_2} < 1$，但 $\frac{\partial Y_1}{\partial G_1} < \frac{\partial Y_2}{\partial G_2}$ 时，两个地区政府购买比均过大，乘数效用小于1。因此，两个地区将超过 $\frac{\partial Y_1}{\partial G_1} = 1$，政府购买的比例增加到政府转移支付或者对将这部分政府购买比例横向补贴给更落后的地区，区域经济差距缩小。

第四节 财政支出协调效率优化机制设计——基于跨区域政府合作视角

财政支出效率可以认为是政府通过运用财政支出的手段，进行投资或转移支付，调节经济运行或社会财富再分配，以达到预期的经济效果和社会效果。在对单个政府主体的财政支出效率具体内容评价上，国内外学者做了比较充分的研究（De Borger 和 Kerstens，1994；Moesen 和 Vanneste，1994；Athanassopoulos 和 Triantis，1998；Afonso，Schuknecht 和 Tanzi，2005；Angelopoulos，Philippopoulos 和 Tsionas，2008；Borge，Falch 和 Tovmo，2008；汪柱旺和谭安华，2007；陈诗一和张军，2008；伏润民、常斌和缪小林，2008；马进，2008；刘振亚、唐涛和杨武，2009），这些学者大部分将政府支出作为一个整体，综合评价财政支出的效率；同时也有很多学者从财政支出的具体用途来评价其效率，Gupta 和 Verhoeven（1999）、Afonso 和 Aubyn（2006），对政府教育支出效率问题的研究，Prieto 和 Zofio（2001）对基础设施的支出效率的研究，Hsu 和 Hsueh（2008）对科技支出效率的研究，以及国内学者崔元峰和严立冬（2006）、温涛和熊德平（2008）对我国财政支农的绩效评价。

前述财政效率研究较少考虑到区域经济整体架构下协调增长的情况。因此本部分所研究的财政支出效率是建立在实现区域经济协调增长的基础上的，即财政支出效率最大化的评判标准为区域经济的协调增长（β 趋同）。

在影响机制方面，财政支出对经济协调增长的促进，主要是通过政府对区域经济产业和贸易结构的引导机制，本部分从区域合作博弈理论出发，变革现有的财政支出制度，使用财政转移支付协调机制引导区域分工与合作机制，按照区域合作贡献分配财政转移支出，提高财政支出的整体效率，实现跨区域合作，促进区域经济协调增长。

一 财政支出协调机制的必要基础和合作动力

财政支出机制要实现在区域间的协调，可以从区域间的经济合作的必要基础和合作动力两个方面考虑：

1. 区域经济结构的不平衡性和互补性是协调机制深化和开展的必要性基础

区域经济结构的不平衡和互补性是客观存在的问题。第一，区域的经济结构有很强的路径依赖性，经济结构转型往往面临着高昂的转移成本；第二，我国区域劳动力要素体现出极强的产业结构特点，在经济结构升级过程中劳动要素和技术要素的结合体现出很大的困难性；第三，受到知识产权和贸易壁垒的双重影响，产业结构和经济要素的扩散和集聚，表现出强烈的空间经济特性。上述三点，使得不同的经济结构的增长体现出巨大差异。对于处于低端经济结构的经济区域，经济结构低端化问题往往成为发展中国家或地区经济增长的"陷阱"，即使大幅增加生产要素的投入，都不可能使经济大幅度增长。而处于高端经济结构的经济区域，从扩大商品市场和基础产业支撑方面寻求区域合作，但往往又因为缺乏利益保障机制，所以设置各种技术壁垒来保持竞争优势，从而缺乏真正意义上的区域合作关系。从这个逻辑出发，对财政支出有三点政策启示：第一，财政支出要有利于结构调整，特别是加强文化教育的投入，促进技术扩散，减少低端经济结构的生产性投入；第二，将经济结构高端化是一条正确的发展路径，但要避免产业结构的趋同和过度竞争；第三，财政支出要能够促使区域合作，特别是降低技术和贸易壁垒。

各地方政府出于政绩考核和维护地方利益的考虑，存在财政支出上的过度竞争关系，这样缺乏协调机制的财政支出，在发展经济的同时也造成了产业结构的严重趋同，使得财政支出效率没有成为政府财政支出的核心导向，不合理的财政竞争模式必然导致财政支出效率的低下，从而带来区域经济差距的进一步扩大。因此，在非合作博弈的情况下，个体理性以及个体决策的最优可能对本地区来说是有效率的，但对整体可能是无效率的。

在区域经济结构互补方面，世界银行在2005年的研究报告中评估了贸易互补性（此处将其视为经济结构互补的替代性指标）对区域经济合作的重要性，认为互补性对合作成功有重要影响。即贸易互补指数高低，反映了合作成功的情况。虽然这里的区域是跨国区域，但依然对思考我国区域经济的合作方式有重要启示。

表8-5　世界银行关于区域经济合作的贸易互补指数分析报告（2005年）

成功的区域经济合作		不成功的区域经济合作	
区域经济合作	贸易互补指数	区域经济合作	贸易互补指数
欧洲经济联盟	0.64	拉丁美洲自由贸易协会	0.22
北美自由贸易区	0.56	安第斯条约	0.07
其他贸易安排			
亚太经合组织	0.35		
美洲自由贸易区	0.31		
南方共同市场	0.29		

资料来源：*Global Economic Prospects and the Developing Countries.* World Bank，2005：112-114.

2. 利益协商机制是协调机制的成功动力和维持稳定的关键

财政支出机制的协调过程从治理及市场结构来说，是中央政府和地方政府与消费者和企业共同参与的一个动态的博弈过程。消费者和企业的社会福利的改善是推动中央和地方政府这一博弈进程的最终目标。但是，在经济体制转型过程中，各博弈主体的利益并非一致。作为区域经济的代表方，地方政府如果单纯从个体理性出发，必然导致囚徒困境的整体理性损害。

以行政命令来解决个体理性问题是无法达到预期效果的，这是因为中央政府由于信息的约束和理性的有限，还无法做到经济资源和信息的准确安排；而地方政府为尽量保持自己利益的最大化而进行的纵向博弈也在实质上抵消了中央政府的某些努力。所以，跨区域的合作博弈，不仅是纵向的中央政府和地方政府的博弈关系，还必须考虑到横向地方的博弈关系。其实质是要解决联合理性中的决策实现问题，那么这里首先要处理政府间关系问题，特别是这里的横向政府间关系。美国学者 Paul R. Dommel（1991）在《政府间关系》中提出了横向关系的两个关键——竞争和协商："横向政府间关系可被设想为一种受竞争和协商的动力支配的对等权力的分割体系。"其中竞争机制带来的地方政府发展经济的优势和弊端，前面已经有所描述，而协调机制的存在则是解决联合理性决策问题的关键，也是现代合作博弈理论的关键特征。

二 财政支出协调机制的模型——基于联盟博弈分析

（一）模型设定

（1）联盟博弈 $B(N,v)$，是参与人集为 N，特征函数为 v，满足可转移效用博弈（TU）的凸联盟博弈。此处含义为有 n 个地方政府，其集合用 $N=\{1,2,\cdots,N\}$ 表示，N 的任意子集 S 表示由不同地方政府组成的区域合作体。凸联盟博弈意味着存在以下不等式关系：如果对任意的 S，$T \subset N$，有 $v(S)+v(T) \leq v(S \cup T)+v(S \cap T)$，其中 $v(\cdot)$ 表示区域合作体的特征函数。

（2）各个区域的地方政府根据合作带来的收益和损失，形成各种形式的区域合作体，比如东部区域合作体，西部区域合作体，或者东西部跨区域合作体等。对于加入不同的区域合作来说，既存在收益也存在损失，这由区域经济形式和结构特点所决定，当然也包括合作过程中产生的支付成本或者根据协议降低各种税费带来的损失。对于区域合作体之外的区域地方政府而言，为了简便分析，假设区域合作体对非区域合作体地方政府政策不存在动态调整。

（3）一个理想的区域合作体是合作体内任意两个地方政府都有合作的意愿，而不是只有部分形成合作的形式，用 ΔR_i^j 表示地方政府 i 加入某区域合作体对区域合作体中地方政府 j 产生的收益变化量，用 ∇R_i^j 表示地方政府 i 由上述行为所导致的自身收益变化量。对于整个区域合作体而言，可以把地方政府 i 加入区域合作体的过程看作是和区域合作体内每一个非 i 成员合作的过程，形成理想的区域合作体必然要求两两同时满足条件：$\Delta R_i^j - \nabla R_i^j \geq 0$，且同时满足 $\Delta R_j^i - \nabla R_j^i \geq 0$。新联盟除开 i 原来独立效用的新效用总变化量为 $\sum_{i \notin s}[(\Delta R_i^j - \nabla R_i^j)+(\Delta R_j^i - \nabla R_j^i)]$。

（二）模型建立

在一项联盟博弈分析中，有两个重要内容，一个内容就是区域合作体中的特征函数。特征函数反映了 S 和 $N-S$（即非 S 亦可看成是一个联盟）中博弈的最大效用，其结构和数值特征反映了联盟的合作价值的大小。而分配决定了参与合作的地方政府的具体收益，是合作能否建立和维持稳定

第八章 基于区域协调增长的财政支出体系优化的路径选择与机制设计

的关键。

1. 特征函数的建立

考虑区域合作体 S 的总效用，由各成区域地方政府组成，其合作博弈行为带来的效用改变量，受三个部分影响（以下简称"设定"）：（1）若 S 和 $N-S$ 形成全联盟 N，则由全联盟每个区域政府 j 的合作行为对 S 中的每个区域政府 i 产生总效用增量为 $\sum_{I\in S}\sum_{j\in N}R_j^{\Delta i}$；（2）由于 $N-S$ 中的 j 没有加入 S，导致 S 产生由于 j 的非合作损失增量为 $\sum_{I\in S}\sum_{j\notin S}\Delta R_j^i$；（3）若 S 中的 i 与 $N-S$ 中的 j，产生非联盟式的合作关系，则 j 的非联盟式合作带来的效用增量为 $\sum_{I\in S}\sum_{j\notin S}\backslash nabla R_j^i$。另外还应考虑到初始量；（4）$S$ 区域合作体效用中包含各地方政府合作前的初始效用值 $\sum_{I\in S}R_{i0}$，所以建立特征函数如下：

$$v(S) = \sum_{I\in S}\sum_{j\in N}R_j^{\Delta i} - \sum_{I\in S}\sum_{j\notin S}\Delta R_j^i + \sum_{I\in S}\sum_{j\notin S}\backslash nabla R_j^i + \sum_{I\in S}R_{i0} \quad (8.41)$$

2. 分配的 Shapley 值

联盟能否建立维持，取决于如何分配合作剩余，使每个参与人的支付都有改善。分配就是博弈的一个 n 维向量集合，n 维的分配向量也称为合作博弈的"解"。区域合作能否进行，需要满足以下基本判断条件，x_i 表示 i 的分配。

$$x_i \geq v(\{i\}), \sum_{i=1}^{n}x_i = v(N) \quad (8.42)$$

$x_i \geq v(\{i\})$ 显示了参与约束。$\sum_{i=1}^{n}x_i = v(N)$ 反映集体理性，每一个参与的人的求偿权都不能超过团体的求偿权。

考虑 Shapley（1953）提出的 Shapley 联盟博弈值公式：

$$\varphi_i(v) = \sum_{S\subset N/\{i\}}\frac{|S|!(n-|S|-1)!}{n!}[v(S\cup\{i\}) - v(S)] \quad (8.43)$$

要实现区域经济合作，必须要满足区域合作体中的地方政府的利益分配问题，根据设定（1）在满足凸联盟博弈的情况下，$B(N, v)$ 其核心非空，由特征函数的超加性（Super additivity），则 Shapley 值是处于核心的分配值。

由：

$$v(S\cup\{i\}) - v(S) \geq v(i) \quad (8.44)$$

证：

$$\varphi_i(v) = \sum_{S \subset N/\{i\}} \frac{|S|!(n-|S|-1)!}{n!}(v(S \cup \{i\}) - v(S)) \quad (8.45)$$

$$\geqslant v(\{i\}) \sum_{S \subset N/\{i\}} \frac{|S|!(n-|S|-1)!}{n!} = v(\{i\}) \quad (8.46)$$

也就意味着，在区域经济合作体中，没有理性的地方政府会拒绝这个分配方案，这就使得根据 Shapley 值分配的区域合作成为可能。

考虑区域合作体中原非 S 成员 i 加入 S 后，代入设定（2），新联盟的效用变为：

$$v(S \cup \{i\}) = v(S) + v(i) + \sum_{i \notin S}[(\Delta R_i^j - \nabla R_i^j) + (\Delta R_j^i - \nabla R_j^i)] \quad (8.47)$$

引入 Shapley 联盟博弈值公式：

$$\varphi_i(v) = \sum_{S \subset N/\{i\}} \frac{|S|!(n-|S|-1)!}{n!}[v(S \cup \{i\}) - v(S)] \quad (8.48)$$

分析公式，$v(S \cup \{i\}) - v(S)$ 表示 i 加入联盟 S 的贡献效用，代入前式

$$\varphi_i(v) = \sum_{S \subset N/\{i\}} \frac{|S|!(n-|S|-1)!}{n!}[v(S \cup \{i\}) - v(S)]$$

$$= \sum_{S \subset N/\{i\}} \frac{|S|!(n-|S|-1)!}{n!}\{v(i) + \sum_{i \notin S}[(\Delta R_i^j - \nabla R_i^j) + (\Delta R_j^i - \nabla R_j^i)]\} \quad (8.49)$$

将 i 表示成属于 S 后的形式，即 $i \in S$，上述公式变形成

$$\varphi_i(v) = \sum_{\substack{S \subseteq N \\ i,j \in S}} \frac{|S-1|!(n-|S|)!}{n!}\{v(i) + \sum_{i \in N}[(\Delta R_i^j - \nabla R_i^j) + (\Delta R_j^i - \nabla R_j^i)]\}$$

考虑 $|S|$ 的不同规模 s：令 $s = |S|$，有 $|S-1|!(n-|S|)! = (s-1)!(n-s)!$ 代入前式

$$= \sum_{s=1}^{n} \sum_{i,j \in S} \frac{(s-1)!(n-s)!}{n!}\{v(i) + \sum_{i \in N}[(\Delta R_i^j - \nabla R_i^j) + (\Delta R_j^i - \nabla R_j^i)]\}$$

$$= \sum_{s=1}^{n}\left[\frac{(s-1)!(n-s)!}{n!} \times \frac{(n-2)!}{(n-s)!(s-2)!}\right]\{v(i) + \sum_{i \in N}[(\Delta R_i^j -$$

$$\nabla R_i^j) + (\Delta R_j^i - \nabla R_j^i)]\}$$

$$= \sum_{s=1}^{n}\left[\frac{(s-1)!(n-2)!}{n!(s-2)!}\right]\left\{v(i) + \sum_{i\in N}\left[(\Delta R_i^j - \nabla R_i^j) + (\Delta R_j^i - \nabla R_j^i)\right]\right\}$$

$$= \sum_{s=1}^{n}\left[\frac{(s-1)!(n-2)!}{n!(s-2)!}\right]\left\{v(i) + \sum_{i\in N}\left[(\Delta R_i^j - \nabla R_i^j) + (\Delta R_j^i - \nabla R_j^i)\right]\right\}$$

$$= \frac{1}{n(n-1)!}\sum_{s=1}^{n}(s-1)\left\{v(i) + \sum_{i\in N}\left[(\Delta R_i^j - \nabla R_i^j) + (\Delta R_j^i - \nabla R_j^i)\right]\right\}$$

$$= v(i) + \frac{1}{2}\left\{\sum_{i\in N}\left[(\Delta R_i^j - \nabla R_i^j) + (\Delta R_j^i - \nabla R_j^i)\right]\right\}$$

由 $v(S) = \sum_{I\in S}\sum_{J\in N}R_J^{\Delta i} - \sum_{I\in S}\sum_{j\notin S}\Delta R_j^i + \sum_{I\in S}\sum_{j\notin S}\nabla R_i^j + \sum_{I\in S}R_{i0}$ 可得:

$v(i) = \sum_{J\in N}R_J^{\Delta i} - \sum_{j\neq i}\Delta R_j^i + \sum_{j\neq i}\nabla R_i^j + R_{i0}$, 将此式代入前式

$$\varphi_i(v) = R_{i0} + \sum_{j\in N}R_j^{\Delta i} - \sum_{j\neq i}\Delta R_j^i + \sum_{j\neq i}\nabla R_i^j + \frac{1}{2}\sum_{j\neq i}\left[(\Delta R_i^j - \nabla R_i^j) + (\Delta R_j^i - \nabla R_j^i)\right]$$

$$= R_{i0} + \sum_{j=1}^{n}R_j^{\Delta i} + \frac{1}{2}\sum_{j=1}^{n}\left[(\nabla R_j^i - \Delta R_j^i) - (\nabla R_i^j - \Delta R_i^j)\right]$$

(8.50)

(三) 模型分析及政策意义

(1) 根据计算的 Shapley 值的结构,可以看出不同合作形式对个体的影响是巨大的,Shapley 值结构的第一项 R_{i0},反映了区域政府不进行任何合作的最初值。从理论上说,如果 R_{i0} 值起初很小,而 $\sum_{j=1}^{n}R_j^{\Delta i} + \frac{1}{2}\sum_{j=1}^{n}\left[(\nabla R_j^i - \Delta R_j^i) - (\nabla R_i^j - \Delta R_i^j)\right]$ 值如果相对较大,则该区域政府有很强的合作意愿。这意味着财政支出如果能用于区域合作,则落后地区更愿意进行合作,而更加发达的地区由于 R_{i0} 值相对更大,意味着相对较低的合作意愿。这可以部分解释落后地区更容易结成区域联盟的现实,从这个意义上说,从协调财政支出的角度分析,把落后地区划分成一个大的板块,实现板块发展战略,从而促进落后区域内部的要素流动和信息分享,有利于财政支出外溢效应的内生化,弥补本身的结构和资源问题,提高财政支出效率。这一理论分析,也为国家的西部大开发和振兴东北老工业基地等板块发展战略提供了一定理论支持。

(2) 仅看 R_{i0} 的相对大小得出合作意愿的强弱，还不能解释发达区域也容易结成联盟的现实，Shapley 值的结构第二项 $\sum_{j=1}^{n} R_j^{\Delta i}$ 代表了区域全体合作时的收益，显然，对于地方政府 i 和其他任意地方政府 j 的合作，只要能形成正的收益，根据公式结构则区域合作体规模越大越好。按照这个逻辑，世界没有形成一个统一的经济联盟，则可以反过来说，因为合作可能形成负的收益（比如区域合作中，技术输出将会导致竞争品的出现，区域双方产品有不同的弹性，则开放贸易将产生贸易赤字等）。

更进一步地说，若不合作可以形成另外形式的正效用收益，比如区域地方政府官员本身的效用和 Shapley 值相矛盾，那么也将影响到合作结构。这对中国区域经济协调来说，可能的政策意义为——若以 GDP 来衡量不同区域的地方官员的政绩，则区域官员发现不合作使得本地区可以形成大于竞争地区的经济差距，那么即使合作能够带来本地区经济增长，区域政府官员也会选择不合作的态度。可以说，财政分权体制下的对地方政府激励的特征，决定了地方财政支出结构，从而产生两个方面的不利影响：一是缺乏区域协调导致的财政支出结构偏差——地方政府为了加快经济增长而竞相开展的水平竞争促使政府公共支出从文教卫生等公共服务上大量地转移到基础建设等生产性投入上，导致政府公共支出结构发生偏向；二是缺乏区域协调导致的财政支出结构重叠——导致严重的投资重复和过度竞争。这都要求区域协调的财政支出必须改革官员的效用函数结构，特别是纳入 Shapley 值的考察，将 Shapley 值作为 GDP 的替代指标之一，从而使得官员的效用函数偏向于 Shapley 值的结果，从而促使区域合作。因为 Shapley 分配值计算的复杂性，可以考虑将区域合作带来的合作区域经济增长，视为官员政绩的考核项目，即由原来考察地方官员本地的 GDP，加入考察合作区域的整体 GDP 情况，按照合作贡献合理分配两者的权重。

(3) Shapley 值的前两项之和，反映了区域合作但没有利益协调机制的情况，而第三项 $\frac{1}{2}\sum_{j=1}^{n}[(\nabla R_j^i - \Delta R_j^i) - (\nabla R_i^j - \Delta R_i^j)]$，反映了按照合作贡献进行合作剩余效用分配时的情况，这是解决区域合作中效率问题的关键。但这个项存在着减项，可能为负，也就是说，即使满足设定（3）$\Delta R_i^j - \nabla R_i^j \geq 0$，且同时满足 $\Delta R_j^i - \nabla R_j^i \geq 0$ 的条件下，按照贡献分配原则，也有必要拿出一部分合作剩余效用提供给其他区域政府。再从第三项的各组成小项来具体分析,ΔR 在前文特征函数建立中定义为非合作损失增量,而 ∇R 定义为合作增量,那么此处第一个括号项($\nabla R_j^i - \Delta R_j^i$)代表的意义是 j 与非 i 合作的收益减去 j 与 i 非合作关系的损失,可以视为 j 不与 i 合作的净变化量;而第二个括号项($\nabla R_i^j - \Delta R_i^j$)代表的意义是 i 与非 j 合作的收益减去 i 与 j 非合作关系的损失,可以视为 j 不与 i 合作的净变化量。两者之差代表 i 与 j 彼此不合作时效用的净变化量,对此如果按 j 求和 $\sum_{j \neq i}^{n} [(\nabla R_j^i - \Delta R_j^i) - (\nabla R_i^j - \Delta R_i^j)]$ 则代表了 i 和整个区域全部停止合作时的效用净变化量。

由于第三项是 Shapley 值的分配项,意味着如果 i 对整个区域不合作产生的总净效用大于整个区域对 i 不合作产生的总净效用,那么必须根据 $\frac{1}{2} \sum_{j=1}^{n} [(\nabla R_j^i - \Delta R_j^i) - (\nabla R_i^j - \Delta R_i^j)]$ 的利益分配量对 i 进行补偿,否则 i 将采取不与整个区域合作的策略。同样地,如果 i 对整个区域不合作产生的总净效用小于整个区域对 i 不合作产生的效用,那么 i 必须提供 $\frac{1}{2} \sum_{j=1}^{n} [(\nabla R_j^i - \Delta R_j^i) - (\nabla R_i^j - \Delta R_i^j)]$ 值对区域接纳 i 进行利益补偿,否则区域将拒绝与 i 合作。这对政策的意义为:区域地方政府对区域合作的贡献决定了区域合作是否成立的关键条件,但能否形成合作关系最终在于是否有利益的转移补偿机制。比如 A 地区对 B 地区在商品上有单向竞争优势, B 地区就会想办法加强某种形式的地方保护壁垒;而消除 B 地区的保护壁垒,关键还是体现在如何将 A 地区产品在 B 地区销售获得的收益如何弥补 B 地区的合作损失上。事实上 A、B 地区政府缺乏这种政策工具进行利益转付,这就成为现实中的难题,但如果考虑到对中央政府的财政支出进行革新设计,可以形成这种政策工具,这就解决了这一难题。所以中央政府的财政支出项目结构安排上有必要引入区域合作的利益协调转移机制,其协调依据可以考虑计算区域合作中建立类似 Shapley 值(这里建议寻找近似计算工具,因为经济结构的不同,再考虑到外溢效应的影响和政策的动态性影响,具体计算将极其复杂)的指标分配,在财政转移支付中予以体现,从而使得区域合作成为可能。

第五节　本章小结

本章在前述理论及实证部分的基础上，认为进行以区域协调增长为目标的财政支出结构体系优化的路径选择及机制设计，将有利于区域协调和财政支出体系完善的双目标的共同实现。因此，本部分尝试探索基于区域经济协调增长目标的财政支出体系的路径及制度。

（1）财政分权机制设计。本章首先从影响区域协调增长的制度性根源——财政分权制度出发，探讨了在地方政府的双向代理地位下的财政和事权博弈机制。现存的分权机制在中央和地方财权不明确，立法不严，中央与地方互相推诿，有空间外部性、区域外溢性的公共支出不足等问题。本书根据委托—代理模型的要件，契约关系、信息结构、利益结构，设计委托人中央政府的目标函数，委托人和代理人参与约束与激励相容约束条件的最优化模型。

（2）财政支出的均衡路径选择。本书认为的财政支出的均衡路径，是中央政府和地方政府为权责主体，以中央调整转移支付方式为主要手段，合理安排地方转移支付规模，实现财政支出均衡，进而达到区域经济协调增长为目标的政策路径。由于中央和地方政府存在纵向信息不对称的情况，落后地区政府在信息方面有倾向夸大缺口，并且形成转移支付依赖，失去发展经济的内在动力，解决这一纵向信息隐藏问题需要进行财政转移支付机制在总量控制方面的优化设计。

（3）财政支出结构优化协调机制设计。本部分根据国民收入均衡模型，探讨在区域经济协调增长目标下，如何优化地区间财政支出结构，提出了协调机制，并提出协调机制设计的三项原则。在此基础上，我们发现，无论地方之间的横向补贴、中央政府对发达地区征税补贴落后地区或者中央政府要求两个地区以最优财政支出结构支出，而对落后地区进行转移补贴，中央政府都是该机制协调的关键。

（4）财政支出协调效率优化机制设计。本部分从跨区域政府合作视角研究财政支出协调效率的优化机制，从区域合作博弈理论出发，变革现有的财政支出制度，使用财政转移支付协调机制引导区域分工与合作机制，按照区域合作贡献分配财政转移支出，提高财政支出的整体效率，实现跨区域合作，促进区域经济协调增长。在现状分析中分析了经济落后地区的发展困境；同时，本书指出，区域经济结构的不平衡性和互补性是协调机制深化和开展的必要性基础，利益协商机制是协调机制的成功动力和维持稳定的关键，并借鉴联盟博弈分析得出政策启示。

第九章　基于区域协调增长的财政支出体系完善的政策建议

第一节　基于现状的财政支出体系完善政策建议

针对第四章现状分析中指出的财政支出投向存在地域不均衡、财政转移支付促进区域经济协调增长的力度不够、分税制对区域协调增长存在负面影响、财政支出资金使用不规范等问题，本部分提出以下政策建议：

1. 调整财政支出区域投入方向，提高中西部地区财政投入

（1）改善中西部地区投资硬环境

加大中西部地区基础设施财政投入，逐步改善投资硬环境。调整在东部地区的支持基础设施的国家投资，重点解决中西部地区经济增长中的环境制约因素，解决中西部地区在交通、能源、通信、农业等重大基础设施方面投入不足的问题，优先安排资金改善中西部地区投资硬环境。

具体举措：一是增加中央财政在中西部地区重大基础设施建设上的投入，保证中央财政经费对中西部交通、能源、通信、农业等领域的投资的导向作用，促进后续的私人资本投资跟进。二是支持中西部地区扶贫开发，支持中西部地区旅游业发展，并将这两个方面与改善投资环境相结合。政府采购支出更加重视中西部地区基础设施和生态环境的保护，扩大以上方面的政府采购。

（2）改善中西部地区投资软环境

要调整有利于东部沿海地区而不利于中西部地区的软环境财政支出政策，使中西部地区区域投资软环境与区域经济协调增长相适应。

具体举措：一是加强对中西部地区的教育投资，提升欠发达地区人力

资源水平，帮助中西部地区突破缺乏高素质人才导致增长缓慢的"瓶颈"。鼓励和引导社会力量进入中西部地区教育领域，发展民间办学力量。二是增加对中西部地区卫生、科技、社会保障等公共服务的投入，有效缩小区域间在基本公共服务方面的差距。

2. 调整转移支付政策，加大对中西部的转移支付力度

转移支付政策的目的是促进落后地区的经济发展，缩小与发达地区经济差距，为实现这一目标，对于我国目前的转移支付制度，需要进一步从以下几个方面进行完善。

具体举措：一是加大对中西部欠发达地区在基础设施、扶贫开发和环境保护领域的专项转移补助，适当降低地方财政对专项转移资金的配套比例，减轻中西部欠发达地区的财政负担。二是推进"因素法"计算并确定财政转移支付额度，改变以往按照财政上缴税收基数确定税收返还数额的"基数法"，实现东中西部转移支付水平的相对均衡。在推进因素法改革过程中，需要建立起规范的转移支付制度，重新计算并确定中央财政对地方财政转移支付的方式、方向及数额，需要将转移支付方式、方向和数额与该地区的经济社会发展水平、已有税负高低、城镇化水平、民族特点、人口、教育水平等因素对财政支出的需求联系起来，按照这些因素的优先顺序和重要性来确定财政转移支付的标准。三是提高中西部增值税增量返还额度，以充分调动中西部地区征收积极性，并由增量分配办法逐步调整到适当存量分配办法，中央增加对财力薄弱的欠发达地区的相关税收增量返还，加大对中西部欠发达地区的专项补助，增加公共物品和跨地区基础设施的联合供给。

3. 调整财政支出结构，更加重视公共服务导向

公共财政支出的职能之一是弥补市场失灵，为市场提供配套服务，这决定了财政支出必须提供市场所不能提供的公共服务。目前，我国中西部地区财政支出结构中行政管理费用过高，而社会公共管理支出水平较低，从区域长期协调增长的角度，现有财政支出结构必须从职能上转变。

具体举措：一是采取综合治理措施，严格控制中西部地区行政人员数量和经费的膨胀，压缩行政管理经费开支，减轻中西部地区财政负担，提高政府行政效率，增加财政支出的调控能力。二是退出竞争性市场投资领域，加大公共物品供给，加大对公共事务管理的投入，压缩一般投资项目，加大财政支出对欠发达地区基础教育、科研开发、公共设施、生态环

境保护、社会保障以及其他公益事业等方面的支出力度。

4. 政策的制定应做到规划先行，并且加强监督

通过财政政策向欠发达地区提供支持，应做到规划先行，即以国家或区域经济规划为指导的科学行动和理性选择。同时，应完善财政监督机制，提高财政资金使用效率。

具体举措：一是在财政支出体系改革之前先进行区域规划，并且将区域规划的规定纳入法律框架，做到让区域规划更多地成为各级财政干预和管理经济增长的一个重要形式。并且，区域规划的制定趋势应日益微观化，规划内容应日益细致。更进一步地，建议把财政支出政策的具体安排直接植入区域规划，将区域规划真正建成促进区域开发的财政支出政策的依据和标准。财政支出政策的目标应具体、清晰，受援区域应十分明确，将援助标准定量化，这将使的财政支出政策制定和实施具有实效性，既能突出区域差异，又便于实际操作，同时还应对财政支出政策效果进行考核、评价和比较，便于控制财政支出的规模和结构，提高支出效率。二是完善财政监督体系。财政监督是财政公共管理职能的延伸，为保证各项财政支出政策管理实施到位，必须发动多方监督主体，从外部到内部，从政府到公众，多角度、多层次对预算管理实施进行有效监督，有助于提高财政支出政策透明度、规范性和公开性，现阶段应尽快建立并完善适应市场经济公共财政框架的全方位财政监督机制。

第二节　财政支出结构完善政策建议

一　基于省区财政支出结构完善的政策建议

1. 全国范围——提升效率，注重公平

根据实证分析中省区财政指标中总量指标可能存在的挤出效应，以及效率性指标有效拉动了全国区域经济收敛的结果，建议全国范围内，省区层面的财政支出结构调整应当重视效率，注重公平。关注财政支出增长率与经济增长率之间的联动关系，重视转移支付和落后地区，加强公共服务均等化。在整体上，以上问题的解决需要建立"用脚投票"机制，以及纵向转移支付与横向转移支付相结合的机制。"用脚投票"机制能够很好地解决全局性的公共品供给中的居民偏好问题，为此应促进劳动力在地区

间的完全流动，同时配合转移支付、公共服务均等化等政策，打造全国一体化的市场基础。

具体举措：一是改革现行的户籍、教育、住房、社会保障等制度中阻碍劳动力自由迁徙、妨碍人才自由流动的限制性因素，并且在医疗、教育以及其他公共物品的供给上取消歧视性的价格和政策，加强中西部地区外来人员可以真正享受到的"本地待遇"；二是对转移支付试行纵向转移支付与横向转移支付相结合的模式。因为中央财力十分有限、我国东部与中西部地区又差距过大，单靠中央政府对地方政府的纵向转移支付来实现公共服务的地区间均等化，将会杯水车薪。我国目前东部发达省区支援西部不发达省区已有一定的经验和基础，如发达省区与西藏、青海等西部省区之间的对口支援，只是尚未形成制度。为此应从制度上规定发达地区援助欠发达地区的长期责任和义务，以此提高国家整体经济发展水平，从而也有利于东部地区经济增长。可以在目前以纵向转移支付为主的同时，试行横向转移支付制度，也有助于劳动力及其他要素在全国范围内充分流动。

2. 东部地区——增强政府财政支出的区域内协调导向

针对前述实证分析表现出东部地区的财政支出指标中，对区域内协调增长的导向性作用较弱的问题，本书认为东部地区财政支出政策的市场化导向值得肯定。但是从全局意义上讲，为了更好地形成一体化市场，促进东部地区自身的长远可持续发展，也有必要关注区域协调增长中的政府作用问题。由于市场导向的环境更加偏重效率，而公共财政政策应当解决公平问题，政府应当在东部区域内协调增长中有所作为。

具体举措：建立完善东部地区省域之间，省域内部之间的转移支付体制，财政支出更多用于区域协调，加强对东部相对落后地区工程基础设施建设、生活基础设施建设，实施对口转移支付制度，对相对落后地区实施优先政府采购制度，在区域性节点、有基础、临近发达地区的地点设立要素交易市场，对农村地区以及农业安排专项财政资金支持，有效实行城乡统筹。

3. 中部地区——加快中部整体经济增长速度，转移支付制度规范化

根据前述实证分析的问题描述，中部地区的财政政策偏向于基础设施等支出，且对促进区域内协调增长起到了积极作用，同时转移支付支出也取得了良好的效果。据此，本书认为鉴于财政支出总体对区域内经济协调增长的促进作用，应继续在中部地区实施扩张性的财政政策，大量投资于

基础设施建设的财政政策取向也通过乘数效应和空间外溢效应拉动了中部落后地区的经济增长。同时需要将转移支付政策制度化、常态化。需要调整的是中部地区公共服务均等化政策，这方面政府应给予更多的重视和加强。

具体举措：加大力度投资于中部地区内部跨省及省内的各项基础设施建设，优先发展交通和信息基础设施建设，改变落后地区封闭、受局限的现状，打通商品流和要素流的运转通道，促进区域内资源的流动和配置；深化完善转移支付制度，力争转移支付制度固定化、常态化，加强财政支出的定点扶贫；在中部各省财政支出中逐步增大对公共服务提供的支出比重，缩小城乡差距，促进协调增长。

4. 西部地区——财政支出引导西部造血功能，转移支付制度长期化

由前述问题分析可以看出，西部地区财政支出未能起到培育地区经济增长动力，促进地区经济协调增长的目的。而学术界长期以来也有西部地区不仅应该"输血"，更应该加强自身"造血"功能的观点。为此，财政支出应当在此方面有所作为，把西部地区经济规模总量做大，才有能力拉动落后地区的经济增长。另外，坚持执行围绕国家西部大开发战略的配套转移支付政策，根据中央精神，开展"精准扶贫"。

具体举措：西部地区在特色农业、矿业、能源、旅游、中药材加工等特色产业方面具有较大的比较优势和发展前景，财政资金又为这些优势特色产业的重点项目的融资贷款支付部分或全部利息，引导和调动市场力量参与西部地区优势特色产业开发。积极争取中央政府的支持，试点发行地方政府债券，尽快完善西部地区财政投、融资体制，建立执行有关融资政策、转移支付政策的长期性机构，由财政预算和民间投资组成资金池，根据西部地区发展的不同阶段、不同部门、不同产业，确定投资优先顺序，确定投资额度，委托市场化公司充当政府投资的代理人，把规划、财政、银行等政策性投融资业务整合起来，形成系统有效的政府投资运作体制。西部地区各级政府应根据本地区发展的资源禀赋特点、产业结构特点等因素，围绕中央政府的西部大开发相关政策，出台适合西部地区特色的优惠政策。

二　基于生产性非生产性财政支出结构完善的政策建议

1. 全国范围——提高生产性财政支出效益，加强公共物品提供

针对前述实证结果显示，生产性财政支出促进了区域增长收敛；而非

生产性支出作用不显著的问题及原因,笔者建议加强跨区域的大型基础设施建设,围绕跨区域大型交通基础沿线整合开发,发挥并扩大生产性财政支出的空间外溢效应。如前所述,增强财政支出对经济增长的拉动效应,发挥财政支出乘数效应,加快投融资体制改革,从根本上激活民间投资,让民间投资分享区域协调的成果和利益。加强全国范围内的公共服务均等化,向中西部等欠发达地区继续倾斜,改革社会教育、医疗及保障体系,解决居民后顾之忧,增加居民可支配收入,提高消费水平。

具体举措:各省市级财政加大对跨区域、重点区域的基础设施建设的资金投入,围绕大型基础设施编制科学、长期发展规划,连接产业集群中心区和外围区,立体打造产业、要素、劳动力、资源的微观流动域和聚集域;加速金融市场改革,放开利率市场化,允许金融市场这一核心要素配置市场的竞争,促进投融资渠道的畅通、透明化、市场化,最大限度地发挥生产性公共资本撬动民间资本的作用;由中央财政和省市级财政,以及大型国有企业的部分利润注入社会保障基金池,健全社保体制,放开医疗市场,完善养老保险金制度,由中央财政安排专项资金用于增加教育的投入,注重教育公平性。

2. 东部地区——生产性及非生产性财政支出不构成区域内收敛因素

鉴于财政支出在生产性公共支出和非生产性公共支出上都没能促进东部地区俱乐部收敛,故而不对这一结构层面的财政支出提出改革的政策建议。前述关于省区层面的东部地区财政支出和这里比较相似,东部地区财政支出区域协调职能较弱,导向不明晰,导致了财政支出未能有效促进区域内协调,相关改革建议和具体举措可以在这里提供一些参考。

3. 中部地区——加大生产性非生产性财政支出,引导民间投资

鉴于实证研究结果支持中部地区生产性财政支出和非生产财政性支出都促进了区域内协调增长,应在中央财政层面继续加大对中部地区的财政支持,同时将新增资金支持用于改善投资环境,建立要素市场,完善公共服务,吸引国内民间资本及国外资本投资中部地区。

具体举措:以中央财政专项拨款和省市级配套为主,建立中部发展基金。其资金主要投入通信、交通、能源等生产基础设施领域,配合中部重要的原材料基地、石油储备基地、新兴和新型能源基地、电力输出基地建设。同时在中央财政安排的转移支付项目中,提高中部教育、医疗、社会保障的专项支出,改善民生情况。在软件环境和硬件环境得到根本改善的

基础上，加大招商引资力度，重点承接沿海地区的加工贸易产业鼓励东部大型企业和外商投资企业在中部城镇设厂，加速中部地区经济增长，扩大中部地区财政支出来源，增强中部地区省市级财政协调区域内增长的能力。

4. 西部地区——优化公共资本投资功能，促进经济协调增长

公共投资是经济协调增长的发动机。对西部地区而言，基础设施作为公共物品，既因为其正外部性能使经济呈现规模收益递增效应，从而为整个区域生产过程提供"共同基础生产条件"；又因为其明显的空间外溢效应，为促进生产要素在区域内的跨地域流动从而缩小区域内差别创造必要前提。因此，在西部地区基础设施投资这一财政支出方面，尤其要强调财政职能的公共性，突出基础设施公共资本这一重点，加大对私人投资不足的基础设施、基础工业领域的财政支出供给。针对更复杂的自然条件和更严峻的区域协调增长任务，继续开展"西部交通建设科技项目计划"，加强交通科技项目的管理以及计划的实施。

具体举措：一是针对交通科技项目的特点，建立分类评价以及定性与定量相结合的项目评估原则，从选择评价指标、确定指标权重、推演指标隶属度、论证指标代表值等方面开展大量的研究工作，构建系统科学的财政支出交通科技项目评价指标体系。二是拟定交通科技项目绩效考核实施办法，试行以导出性标度作为财政支出交通科技项目绩效考核评价指标权重的主要确定依据，结合权威专家意见，确定交通科技项目绩效评价指标权重，为西部财政支出交通科技项目的绩效评价提供了可靠依据，初步应用并直接推广于同类项目的绩效评价。三是测算监控财政支出交通科技项目对西部地区经济协调增长的直接效果、间接效果及其对就业增长的贡献，全面地量化分析交通基础设施财政支出对西部地区国民经济协调增长产生的实际影响。有必要在前期科技成果的基础上，对制约西部交通发展和发挥作用的关键技术问题，进行更加深入、系统的研究，及时攻克需要解决的重大技术难题，更好地为西部经济协调增长服务。

三 基于中央和地方财政支出结构完善的政策建议

（一）中央财政支出结构完善建议——改善不均衡财政支出结构，重视阶段性职能

前述分析中提到中央财政支出的某职能过多重视和过大开支将会造成边际效益递减，要改善这一问题，需要财政支出结构实现动态优化，克服

长期重复基础设施建设,忽视市场,忽视民生导向的问题,不能简单地以数量来反映财政支出结构的优越性,而更应以质量来反映财政支出结构的合理性。具体来说,中央财政层面的高质量的公共财政要求中央财政支出结构在经济协调动态发展中保持最优,也就是说,它的变化与一个国家所处的经济协调增长的阶段以及在该阶段中央政府所追求的主要经济增长目标是相吻合的。

具体举措:在区域协调增长的初期,主要是粗放式的财政拉动方式,主要以大型基础设施投资作为手段的中央财政支出结构能起到促进区域协调的作用,在落后地区生产力水平低下,实现初步的经济快速增长,在这一阶段,相应的,中央财政支出中用于基础设施建设的投资就应该多一些;在区域协调增长发展到一定时期,如果落后地区实现了生产力水平的提高,经济走向快速增长的轨道,则保持落后地区经济的稳定增长,提高社会生活质量应成为中央政府经济政策的主要目标,相应的,此阶段的教育、科技、国防、社会保障及福利等社会公益事业的财政支出就应增多,而如果中央政府人为扭曲或固化财政支出结构,导致公共财政支出的低质量,将严重抑制区域经济的协调增长。

(二)地方财政支出结构完善建议

1. 全国范围——引导地方政府财政支出协调一致,促进区域经济收敛

前述实证研究表明,地方政府财政支出差别较大,且各自为政,导致地方政府财政支出在全国范围内的区域协调中往往缺乏一致性,容易被自身利益左右,从而拉大区域差距,为此,中央政府应在这一过程中很好地起到引导和宏观调控的作用。

具体举措:中央财政支出应产生示范效应,减少中央一级行政管理支出费用和基本建设费用,减少对省区一级的行政管理费用和基本建设费用预算,通过加强各级财政透明度,公开"三公"经费,促使地方行政管理费用受到公众的监督,提高其使用效率,减少开支,同时将基本建设费用拨款多用于跨区域间基础设施建设,促进区域协调;增加对地方科教文卫财政支出的拨款,鼓励省区间财政支出以支持跨区域科教文卫的交流与合作,建立跨省区层级的协调机构,协调地方政府行为。

2. 东部地区——加强东部地方政府财政支出的民生导向

由于前述实证分析中指出,东部地区收敛的作用因素当中,民生性、

保障性支出对区域内协调增长起到了促进作用，而生产性的支农支出和基本建设支出反而没能促进区域内协调，因此应继续强化市场在生产领域的作用，而在区域协调增长意义上的作用应该由政府来主导。

具体举措：大力在区域内推动公共服务均等化，出台地方法律法规规定每年保障性财政支出占地区 GDP 的百分比，保证年均增长率和 GDP 增长率挂钩，向相对落后地区倾斜扶持。减少政府生产性支出，减少政府经济建设支出，有效激活民间资本，增加政府对科技与教育的支出，提升东部地区经济增长质量，尽快实现产业升级，改变增长方式，在规模做大、结构优化的基础上，才有能力做好区域内协调。

3. 中部地区——精简行政管理支出，优化地方财政支出

尽管在前述实证分析中，行政管理费用对中部地区收敛起到了促进作用，本书还是对此项开支持负面评价的观点，这一因素起作用恰好证明中部地区经济增长方式处于落后阶段，尚未形成科学、高效的财政支出体系，是需要进行改善的部分。而科教文卫和财政补贴费则需要进一步地优化区域布局。

具体举措：建议中部地区省区政府压缩行政管理开支，提高行政管理费用的使用效率，做到精简高效、精准到位。扩大科教文卫和财政补贴费用的覆盖范围，增大普适性，在财政支出上积极促进和支持中部企业的技术改造。针对中部地区产业升级缓慢，技术密集型产业所占比重过低的问题，挖掘并扶持本地技术科研力量，逐步实现劳动密集型产业向资本密集型产业的转变。由中央和中部省区地方财政共同出资支付历史遗留下来的体制转型成本，解决国有企业下岗分流人员劳动关系的解除成本，补充社会统筹经费，已经长期处于破产状态的国有及集体企业要允许其破产，淘汰过剩的产能；更多地采取注入资本金、财政贴息、贷款担保风险投资等多种方式，全面提升工业化水平，鼓励企业进行技术研发，在财税政策上予以倾斜，培育具有中部特色的拥有自主知识产权、具有核心竞争力的自主性产业。

4. 西部地区——扬长避短，解决公共资源分布不均衡问题

根据前述实证研究结果显示，西部地区可能存在公共资源分布不均衡的问题，要发挥西部地区财政支出在区域协调增长中的作用，优化财政支出结构，需要扬长避短，将目前西部地区财政支出中的促进因素进一步放大效应；同时约束、变革低效的财政支出方式，更多地体现财政支出在保

障公平上的职能，解决科技投入不均衡、教育资源不公平、公共医疗资源供给不足等问题。

具体举措：调整财政支出项目中的教育、医疗支出，大力提高其在财政支出中的比重，同时确保基础教育资源、基本卫生资源的全覆盖、均等化。针对西部地区相对落后，人均收入不高，生活水平偏低的问题，采取切实措施提高低收入者的生活福利水平，各级财政支出要逐步扩大社会保障支出、社会抚恤以及社会福利救济补贴支出的比重，提高西部整体居民福利水平。在技术支持上增加企业挖潜改造基金支出，提高西部地区企业生产效率，用以增加或配齐企业生产所需的关键固定资产；改进、革新产品工艺流程，通过挖潜、改造、革新、增产、提质、降耗、挖掘西部地区企业内部潜力，提高企业经济效益，带动更多企业生产和提供更多就业，改善西部地区企业生存环境。继续加大对西部地区农业生产的投入，实施惠农政策，支持这一最薄弱的产业和从业人员的发展，改善西部地区农村基本面貌。

四 基于分权制度完善的政策建议

1. 促进财权与事权对等，调动地方积极性

前述分析中指出，中央和地方政府权力结构不均等导致财权和事权的割裂，不利于地方政府将财政收入投入基本公共物品的提供，导致了区域差距的扩大，因此，建议合理调整财税收入占中央与地方政府间的比例，合理规划中央和地产政府事权，建立起一套能有效引导区域协调的财税体系，保障各级政府发挥区域稳定、协调增长的职能。

2. 具体举措

调整国家财税收入中中央和地方财税收入的比重，增加地方财税来源，并出台政策引导地方政府增量财政收入进入公共服务品提供等社会保障领域，增强公共服务质量，提高地方政府效率。有学者认为，在目前条件下，地方财政收入占全国财税收入的比重应提高到略高于50%，调整后的分配比例，将既有助于中央政府保障其宏观调控能力，地方政府也有财力保障可以采取促进当地发展的财政政策及措施。具体事权的划分，本书将在后面的财政支出体系中的分权机制设计中，详细阐述我国财政事权划分的建议。

第三节 财政支出体系机制设计政策建议

一 基于委托—代理分权机制的政策建议

1. 基于区域协调导向的中央和地方财政委托—代理事权划分

前述机制研究部分从信息经济学和福利经济学角度出发,运用委托—代理理论讨论我国财政分权的实现机制设计问题(主要是财政支出事项划分问题)。运用参与约束与激励相容约束条件,建立的划分中央政府与地方政府财政支出事项的委托—代理模型发现:对于两者都确定的财政支出事项,按照我们之前讨论的模型执行;在模型改进这一部分,我们在事权划分中考虑以下原则:(1)考虑投入产出效率为导向的可由地方政府承担的全国性财政支出事项由地方政府负责;(2)具有较大外部性、规模经济效应以及跨区域协调职能的地方政府财政支出事项由中央政府财政支出负责。推导结果发现,上述三种划分原则使得委托人中央政府和代理人地方政府的目标效用函数一致,即满足激励与约束相容的条件。

具体举措:划分事权具有双重含义:一是明确中央财政与地方财政的支出事项,即哪些事项归中央财政负责,哪些事项由地方财政负责;二是明确各级地方政府之间的财政支出事项,即将财政支出事项在省、市(地)、县、乡(镇、街道办事处)各级地方之间进行明确科学的划分。这种划分最好需要由法律甚至宪法进行规范。因为目前我国调整中央与地方财政关系表现出很强的商业化倾向和机会主义,因此,需要通过宪法和相应的具体法律规范中央与地方的财政分权,建立有效的监督与约束机制,切实保障中央与地方政府依法办事。

因此,重新调整后的财政支出事项见表9-1所示。

2. 建立稳定中央与地方稳定契约关系、保障双重委托—代理任务完成

依据委托—代理理论,中央和地方政府在执行产业升级和区域协调双重委托—代理任务中,为增加委托—代理契约关系的稳定性,从双重委托—代理任务的中央政府的委托机制来看,应把产业升级任务作为区域协调任务的杠杆和前提。没有产业升级,后发地区无法实现赶超,发达地区也无法实现辐射,具体到当前我国区域情况,则应该鼓励沿海地区向创新型产业、高附加值产业进行升级,这样,将能够腾出劳动密集型产业向中

表 9-1　　　　　　　　　调整后的财政支出事项划分

行政级别	财政支出事项划分
中央	负责中央机关及其所属事业单位运转所需要的经费，实施宏观调控协调地区发展所需要的费用，中央统管的基本建设投资，中央直属企业的技术改造和新产品试验及试制经费，国防、武警费用，地质勘查费，外交和援外费用，国内外债务的还本付息费用，中央级的公检法支出，移民，考虑外部性及规模经济的跨地区大型基础设施，社会保障，环境保护，基础教育等，体育事业，出口退税，宗教事务，民族事务
地方	各自地区机关运转及地区经济、社会发展所需要的各项支出，包括地方统筹的基本的建设投资，地方企业的技术改造和新产品试制费用，城市维护费用，地方文化、教育、卫生、科学等各项事业费和行政费用，本级公、检、法支出，民兵事业费，支农支出，价格补贴及其他支出，考虑效率的高等教育，计划生育、公共卫生，城乡建设，监察，民政等
市、县、乡	辖区内公共基础设施、廉租房建设、社会服务等基本公共品

西部地区转移，而中西部也借此机遇承接东部高效、环保的劳动密集型产业，实现自己的产业升级，各自实现了自己的产业升级后，才能最大限度地实现区域间联动发展和区域协调增长，而区域协调在此基础上将继续产生进一步的扩散效应，反过来促进产业升级。在这种情况下，中央政府的规制有助于缩短这一过程。

具体举措：着力扶持地方政府在产业升级中的产业承接和技术改造升级，建立产业升级补贴机制，促进产业升级带动区域联动发展，促使区域协调作用于各地区自身的产业升级，也可以帮助其他各地区的产业升级活动，充分调动产业升级和区域协调增长的外溢效应。因为地方政府提供的产品或服务的正外部性往往低于经济发展所需的最佳供应。因此，需要对此缺口进行弥补：首先，中央政府对地方政府提升产业层次进行补贴，对跨区域合作进行顶层设计和统筹激励；其次，参与广泛的外部和强大的产业升级和区域协调行动，可考虑中央政府统一支配，地方政府实施补充。

二　解决转移支付信息不对称问题

对于中央政府来说，财政转移支付是其可以依赖并实施的协调区域经济增长的最重要手段。尽管地方政府处于相对被动的地位，但由于其所处的信息地位和自利倾向，事实上将会影响到中央的财政转移支付途径。如何优化现有的财政转移支付制度,从而实现区域间财政支出的均衡路径,本部分从财政转移支付的信息反馈机制对此进行了分析,在本节中总结并提出以下政策建议的具体举措:

具体举措1:通过博弈模型的分析,如果中央政府采取措施控制隐匿行动的预期大小,那么在中央政府理性人决策的假设和信息成本的约束下(相对于政府完全利他的假设,这种假设其实更接近现实),即使这种政策方案短期有效,但从长期来看并不能起到中央政府的预期作用。所以更有效的政策举措是——在信息成本的约束下,中央政府可以考虑建立财政信息信用记录制度,对于有虚报记录的地方政府的申请,调大其审批削减概率和削减程度,而缩减有良好记录的地方政府的削减程度。另外,通过中央政府在审核地方政府的转移支付缺口的过程中,若能在保证相同削减程度下实现更低的调查费用,或者相同费用下更高的削减程度,将能够更好限制地方政府的虚报行为。

具体举措2:通过对财政转移支付结构的现状和经济意义分析,中央政府有必要调整一般性转移支付的比重,保证其在一个合理的重要位置。

具体举措3:有必要对"因素法"进行改革,静态的调研和静态历史数据确定的指标与权数无法真正反映区域特质、差异和变化,合理控制财政转移支付规模后,有必要每隔一段时间进行动态调整,通过一个动态试错纠正机制,修正指标与权数的误差。

三 促进区际贸易,中央财政发挥更大作用

1. 降低对内贸易成本,构建国内统一市场

根据前文对对外贸易和区际贸易的分析,当前,与我国对外开放程度相比,对内开放的程度明显滞后,作为国内区域协调增长动力的区际贸易亟待增强。目前影响国内区际贸易的壁垒依然十分严重,商品流动和要素流动受到不同程度的制约,国内区际资源配置和贸易流通的效率远不够高,急需降低对内贸易成本。为此,财政支出体系应当着力于提升国内市场化程度,打造全国统一市场,促进生产要素和商品自由流动,促进外贸、内贸同时发展,使东部地区领先效应在政府财政支出引导、市场经济作用下得以扩散到国内欠发达地区。

具体举措1:拆掉区域间行政壁垒,限制地方保护主义。首先,要准确定位财政支出的职能角色,改革"锦标赛"竞争体制,以考核单个地区的GDP转向考核区域协调绩效的指标体系,从根本上避免重复建设和

为增长而竞争的财政支出体系。其次,加强对欠发达地区的转移支付,有效降低地方财政对当地经济增长的依赖,从源头上削弱地方政府增加当地GDP的冲动,能够防止地方保护主义产生,并为防止"粘蝇纸"效应,应明确规定财政转移支付的投向,确保转移支付投向民生、社保等保障性领域,防止将转移支付投入生产领域或增加行政管理费用。

具体举措2:促进要素、商品自由流动,构建全国统一市场。首先,逐步放宽户籍管理制度、安排专项财政支出解决户籍取消所可能带来的福利支出上升的问题,逐渐消除劳动力等要素流动的各种阻碍。其次,要完善社会保障体系,逐步运用财政支出建立全国范围内统一的社保体系,改变目前各省市分割、城乡分割的社保体系。最后,财政支出着力建立发达的物流商贸体系,建立高效的物流系统,有效地减少商品和要素流通环节,提高商品和要素流转效率,降低区际贸易流通成本,建立全国统一市场。

2. 完善财政支出结构优化标准、建立约束规则及信息披露机制

从前述的机制研究中我们可以看出,无论地方之间的横向补贴、中央政府对发达地区征税补贴落后地区或者中央政府要求两个地区以最优财政支出结构支出,而对落后地区进行转移补贴,中央政府都是该机制协调的关键,因此,完善相关机制是中央政府实现协调地区财政支出结构优化,实现区域经济协调增长的保证,具体举措包括以下三个方面:

具体举措1:完善衡量财政支出结构优化的标准。由于不同的经济发展水平和发展阶段,财政支出结构不同,最优结构随着经济发展变化而不断变化。在经济发展初级阶段,政府投资是拉动经济的重要力量,是财政支出的主要部分;而在经济发展高级阶段,公共服务支出成为重点。因此,中央政府根据各个地区(东中西)所处不同经济阶段,要求按其最优支出结构进行财政支出,使财政支出效用发挥最大,并对落后地区进行转移补贴,以充分发挥落后地区政府购买乘数作用。并对地方财政支出结构进行监督,特别是发达地区政府购买(生产性)支出,防止因地方生产性支出竞争,而造成的区域经济差距过大问题。

具体举措2:以区域经济协调增长为原则,抑制地方政府之间的财政支出竞争的规则约束。财政支出作为地方政府促进经济发展的主要手段,如果在区域协调中,采用政治权力和道德良心协调地方之间利益诉求,势必违反市场经济的竞争规则,扼杀地方主体主动性和积极性,可能会造成

地方经济抵消甚至冲突。但是在整个区域发展过程中需要有规则约束，克服市场失灵现象，防止地方经济发展过程中，特别是地方政府官员为了得到晋升，而将大量的财政支出投入生产性支出，忽视财政支出最优结构，造成地方政府财政支出结构失衡，进而造成区域经济发展的失衡。实现区域经济协调增长是实现整个社会福利最大化的要求和保证，也是中央政府的统筹目标，这就需要在保证各个地方积极性基础上，制定以区域经济协调增长为目标，抑制地方政府财政支出竞争规则机制：明确区域经济协调增长的目标，明确地方政府的行为规则、制度、区域经济协调增长指标，建立协调协议，对地方支出结构失衡处罚和调整等。

具体举措3：建立中央独立财政信息统计制度，构建中央与地区间、地区之间财政收支及经济发展信息合作机制。在前面的分析中，我们已经提到该机制最主要的两个信息：两个地区最优支出结构和两个地区政府生产性支出乘数作用的大小。由于信息不对称的普遍存在，地方政府之间存在机会主义倾向，存在地区与中央政府信息博弈，而中央政府只有在完全掌握了两个地方最优支出结构和两个地区政府生产性支出乘数作用的大小，才能对两个地方财政支出结构做出准确的判断，或调整或转移补贴。因此，有必要建立中央独立的财政信息统计制度及体系，同时保持和地区之间的畅通信息交流体制，保证区域各个地方之间财政支出结构以及相关信息流通和中央的监督。

四 引入区域合作分配值补充考核指标，促进区域合作

本部分从建立财政支出协调效率优化机制目标出发，分析了经济落后地区的发展困境：（1）经济结构转型往往面临着高昂的转移成本；（2）受到文化教育和知识水平的显著差异影响，在经济结构升级过程中劳动要素和技术要素的结合体现出很大的困难性；（3）受到知识产权和贸易壁垒的双重影响，产业结构和经济要素的扩散和集聚，表现出强烈的空间经济特性。而处于高端经济结构的经济区域，从扩大商品市场和基础产业支撑方面寻求区域合作，但往往又因为缺乏利益保障机制，所以设置各种技术壁垒保持竞争优势，从而缺乏真正意义上的区域合作关系。本部分从区域合作博弈理论出发，变革现有的财政支出制度，使用财政转移支付协调机制引导区域分工与合作机制，建立联盟博弈合作分析提出按照区域合作贡献分配财政转移支出，提高财政支出的整体效率，实现跨区域合作，促进区域经济协调增长。具体举措如下：

第九章 基于区域协调增长的财政支出体系完善的政策建议

具体举措 1：与东部地区相比，中西部地区具有比较优势的主导产业主要是矿产资源、文化资源、旅游资源。从财政支出的协调合作角度考虑，财政支出重点不是单一的围绕这些资源进行简单重复投资，而是考虑通过区域合作充分的整合这些资源，通过联盟博弈中的利益安排协调机制，划分产业结构升级方向，建设跨区域基础设施建设，使这些资源转化为本地区的经济优势，由此带动相关产业的发展，进而促进落后区域内部的要素流动和信息分享，有利于财政支出外溢效应的内生化，弥补本身的结构和资源问题，充分发挥财政支出的乘数效应，提高财政支出效率。

具体举措 2：由于财政分权体制下的对地方政府官员单一的 GDP 激励的特征，导致财政分权体制下财政支出结构扭曲：一是缺乏区域协调导致的财政支出结构偏差——轻文化教育过度偏重生产；二是缺乏区域协调导致的财政支出结构重叠——导致严重的投资重复和过度竞争。因此，其协调机制关键在于区域协调的财政支出必须改革官员的效用函数结构，特别是纳入整体区域合作考察，将区域合作分配值作为 GDP 的补充指标之一，从而使得官员的效用函数偏向于区域合作分配值的结果，从而促使区域合作。考虑到区域合作分配值计算的复杂性，可以考虑将区域合作带来的合作区域经济增长，视为官员政绩的考核项目，即由原来考察地方官员本地的 GDP，加入考察合作区域的整体 GDP 情况，按照合作贡献合理分配两者的权重。

具体举措 3：通过对区域合作分配值的分析，指出要保证区域实现合作，必须要有利益转移支付政策工具，但事实上由于地区政府缺乏利益转移支付政策工具，导致了拒绝区域合作，进而产生种种贸易壁垒，这就成为现实中的难题。但如果考虑到对中央政府的财政支出进行革新设计，可以形成这种政策工具，所以中央政府的财政支出项目结构安排上有必要引入区域合作的利益协调转移机制，其协调依据可以考虑计算区域合作中建立类似区域合作分配值的指标分配，在财政转移支付中予以体现，从而解决区域合作贸易难题。

具体举措 4：前述模型分析暗含了信息对区域整体合作效用的影响，在区域合作中，信息的不对称，使得地方之间不能进行有效的信息决策，进而增加了合作的风险。在区域合作中如何实现错位发展和差别竞争，其核心是财政支出机制的协调技能和信息机制的配套完善，信息机制配套完善建设有两个方面：一是信息公开机制，各个地区尽量公开经济政策信息，帮助财政支出协调机制发现投资过度和投资不足的领域，减少因封锁信息而导致的产业重叠的风险；二是信息决策的统筹机制，重大信息决策有必要纳入中央政府统筹，弥补个体决策方面的缺陷。

第四节 本章小结

本章根据前述现状部分的分析，提出了调整财政支出区域投入方向，提高中西部地区财政收入；调整转移支付政策，加大对中西部的转移支付力度；调整财政支出结构，更加重视公共服务导向；政策的制定应做到规划先行，并且要加强监督的政策建议。另外，根据前面实证部分分析结论和机制设计部分分析结论，针对区域协调增长目标，结合中国财政支出结构和财政支出体系的现实情况，提出了相关政策建议。在财政支出结构完善的政策建议中，从省区财政支出完善建议、生产性非生产性财政支出结构完善建议、中央和地方财政支出结构完善建议、分权制度完善建议四个方面，并分别从全国范围、东部地区、中部地区、西部地区四个区域维度详细阐述了相应的完善财政支出结构的建议。在财政支出体系机制设计的政策建议中，进一步地阐述了基于委托—代理分权体制的财政支出体系完善建议，并提出解决中央和地方转移支付信息不对称问题、优化转移支付结构的建议，并在促进中央财政在区际贸易、区域协调中发挥更大的作用，引入区域合作分配值作为补充考核指标，促进区域合作等方面提出了本书的政策建议。

参考文献

[1] Afonso A., Aubyn M. S., Cross – country Efficiency of Secondary Education Provision: A Semi – Parametric Analysis with Nondiscretionary Inputs [J]. *Economic Modeling*, 2006 (23): 476 – 491.

[2] Afonso A., SchuknechtL., Tanzi, Vito, Public Sector Efficiency: An International Comparison. *Public Choice*, 2005 (123): 321 – 347.

[3] Angelopoulos K., Philippopoulos A., Tsionas E., Does Public Sector Efficiency Matter? Revisiting the Relation between Fiscal Size and Economic Growth in a World Sample. *Public Choice*, 2008 (137): 245 – 278.

[4] Anselin L., Spatial Externalities. *International Regional Science Review*, 2003 (36): 334 – 367.

[5] Anselin L., A Spatial Economic Approach to the Economics of Site – Specific Nitrogen Management in Corn Production. *American Journal of Agricultural Economics*, 2004 (86): 675 – 687.

[6] Arikan G., Fiscal Decentralization: A Remedy for Corruption. *International Tax and Public Finance*, 2004 (11): 175 – 195.

[7] Arrow K. J. M., Kurz, *Public Investment. the Rate of Return and Optimal Fiscal Policy*. Baltimore, Johns Hopkins University Press, 1970.

[8] Athanassopoulos A., Triantis K., Assessing Aggregate Cost Efficiency and the Related Policy Implications for Greek Local Municipalities. *INFOR*, 1998 (3): 34 – 56.

[9] Barro R. J., Government Spending in a Simple Model of Endogenous Growth. *Journal of Political Economy*, 1990 (10): 103 – 105.

[10] Barro R. J., Economic Growth in Across Section of Countries. *Quarterly Journal of Economics*, 1991 (106): 407 – 443.

[11] Barro R. J., Determinants of Economic Growth: A Cross – Country Em-

pirical Study. *Journal of Comparative Economics*, 1998 (26): 822 - 824.

[12] Barro R. J., Inequality and Growth in a Panel of Countries. *Journal of Economic Growth*, 2000 (5): 5 - 32.

[13] Barro R. J., Sala - i - Martin X., Convergence. *Journal of Political Economy*, 1992 (2): 223 - 251.

[14] Barro R. J., Sala - i - Martin X., *Economic growth*. New York. McGraw - Hill, 1995.

[15] Baumol W. J., Productivity Growth. Convergence. and Welfare: What the Long - run Data Show. *The American Economic Review*, 1986 (5): 1072 - 1085.

[16] Bird Graham, Rajan R., The Evolving Asian Financial Architecture. *Adelaide University Discussion Paper*, 2002.

[17] Bjorn, Gustafsson, Ludmila, Nivorozhkina, How and Why Transition Made Income Inequality Increase in Urban Russia: A Local Study. *Journal of Comparative Economics*, 2005 (33): 772 - 787.

[18] Borge L. E., Falch T., Tovmo P., Public Sector Efficiency: The Roles of Political and Budgetary Institutions. Fiscal Capacity. and Democratic Participation. *Public Choice*, 2008 (136): 475 - 495.

[19] BrauningerT. Niebuhur T. Accession and Reform of the European Union: A Game - Theoretical Analysis of Eastern Enlargement and the Constitution Reform. *European Union Politics*, 2004 (12): 419 - 439.

[20] Cashin P., Sahay R., Internal Migration. Center - state Grants and Economic Growth in the States of India. International Monetary Fund Working Paper, 1995.

[21] Cass D. Optimum Growth in an Aggregative Model of Capital Accumulation. *The Review of Economic Studies*, 1965 (32): 233 - 240.

[22] Chen J., Fleisher B. M., Regional Income Inequality and Economic Growth in China. *Journal of Comparative Economics*, 1996 (2): 141 - 164.

[23] Coulombe S., Frank C. L., Convergence across Canadian Provinces. 1961 - 1991. *The Canadian Journal of Economics*, 1995 (28): 886 - 898.

[24] De Borger B. , Kerstens K Moesen W. , Vanneste J. , Explaining Differences in Productive efficiency: An application to Belgian Municipalities. *Public Choice*, 1994 (84): 339 -358.

[25] Devarajan S. , Swaroop V. , Zou H . F. The Composition of Public Expenditure and Economic Growth. *Journal of Monetary Economics*, 1996 (37): 313 -344.

[26] Fujita M. , Thisse J. , *Economics of Agglomeration: Cities, Industrial Location, and Regional Growth.* Cambridge University Press, 2002.

[27] Garcia - Mila, Teresa, McGuire, The Effect of Public Capital in State - Level Production Functions Reconsidered. *The Review of Economics and Statistics.* 1996 (1): 177 -180.

[28] Goldsmith A. H. , Rethinking the Relation between Government Spending and Economic Growth: A Composition Approach to Fiscal Policy Instruction for Principles Students. *Journal of Economic Education*, 2008 (39): 111 -201.

[29] Gupta S. , Verhoeven M. Tiongson Erwin. Does Higher Government Spending Buy Better Results in Education and Health Care? International Monetary Fund Working Paper, 1999.

[30] Hsu, Hsueh - En, Dissertation Abstracts International: The Humanities and Social Sciences. University Microfilms International, 2008.

[31] Huther J. , Shah. Applying a Simple Measure of Good Governance to the Debate Decentralization. World Bank Working Paper, 1998.

[32] Jian T. S. , Jeffrey D. W. , Andrew M. , Trends in Regional Inequality in China. *China Economic Review*, 1996 (7): 1 -21.

[33] Kalyvistis S. , Public Investment Rules and Endogenous Growth: With Empirical Evidence from Canada. *Scottish Journal of Political Economy*, 2003 (50): 34 -47.

[34] Karras G. , The Optimal Government Size: Further International Evidence on the Productivity of Government Services [J]. *Economic Inquiry*, 1996 (2): 193 -203.

[35] Landau D. , Government Expenditure and Economic Growth: A Cross - Country Study. *Southern Economic Journal*, 1983 (49): 783 -792.

[36] Martin P. G., Ottaviano I. P., Growth and Agglomeration [J]. *International Economic Review*, 2001 (42): 947 – 968.

[37] Mendoza E., Milesi – Ferretti G. M., Asea P., On the ineffectiveness of tax policy in altering long run growth: Harberger's Superneutrality Conjecture. *Journal of Public Economics*, 1997 (66): 99 – 126.

[38] Paul R. Dommel, *Intergovernmental Relations in Managing Local Government*. Sage Publication Inc., 1991.

[39] Rey S., Montouri B., US Regional Income Convergence: A Spatial Econometric Perspective. *Regional Studies*, 1999 (33): 143 – 156.

[40] Richard A. M., A Multiple Theory of Budget Determination. *Public Finance Analysis*, 1956 (57): 333 – 343.

[41] Shapley L. S., A Value for n – Person Games. In H. Kuhn and A Tucker (eds.). *Contributions to the Theory of Games* II. Princeton: Princeton University Press, 1953.

[42] Shapley L. S., Cores of Convex Game. *International Journal of Game Theory*, 1971 (1): 11 – 26.

[43] Solow R. M., A Contribution to the Theory of Economic Growth. *Quarterly Journal of Economics*, 1956 (12): 65 – 94.

[44] Stephen L. P., Edward C. P., Technology Adoption and Growth. National Bureau of Economic Research Working Paper, 1993.

[45] Swan T. W., Economic Growth and Capital Accumulation. *Economic Record*, 1956 (2): 334 – 361.

[46] Toye J., Fiscal Crisis and Fiscal Reform in Developing Countries. *Cambridge Journal of Economics*, 2000 (4): 334 – 357.

[47] Tiebout C. A., Pure Theory of Local Expenditures. *Journal of Political Economy*, 1956 (5): 416 – 424.

[48] Wang Y., Yao Y., Sources of China's Economic Growth. 1952 – 1999: Incorporating Human Capital Accumulation. World Bank Working Paper, 2001.

[49] Young A., Gold into Base Metals: Productivity Growth in the People's Republic of China during the Reform Period. NBRE Working Paper, 2000.

[50] Zofio J. L., Prieto A. M., Environmental Efficiency and Regulatory

Standards: The Case of CO$_2$ Emissions from OECD Countries. *Resource and Energy Economics*, 2001 (23): 63 – 83.

[51] Zou J., How Does Fiscal Decentralization Affect National. and Sub-national Government Size. *Journal of Urban Economics*, 2002 (52): 270 – 293.

[52] 白雪梅、赵松山：《由指标相关性引出的确定权重的方法》，《江苏统计》1998 年第 4 期。

[53] 蔡昉、都阳：《中国地区经济增长的趋同与差异——对西部开发战略的启示》，《经济研究》2000 年第 10 期。

[54] 曹俊文、罗良清：《转移支付的财政均等化效果实证分析》，《统计研究》2006 年第 1 期。

[55] 陈共：《积极财政政策及其财政风险》，中国人民大学出版社 2003 年版。

[56] 陈颂东：《财政支出结构的国际比较与我国财政支出结构的优化》，《改革》2004 年第 1 期。

[57] 陈诗一、张军：《中国地方政府财政支出效率研究：1978—2005》，《中国社会科学》2008 年第 4 期。

[58] 陈秀山、徐瑛：《中国区域差距影响因素的实证研究》，《中国社会科学》2004 年第 5 期。

[59] 程瑜：《政府预算执行过程中的博弈分析》，《财政研究》2006 年第 7 期。

[60] 崔元锋、严立冬：《基于 DEA 的财政农业支出资金绩效评价》，《农业经济问题》2006 年第 9 期。

[61] ［英］大卫·李嘉图：《政治经济学及赋税原理》，上海三联书店 2008 年版。

[62] 丁芸、张昕：《财税政策选择与区域经济协调发展》，《经济与管理研究》2007 年第 2 期。

[63] 范剑勇：《长三角一体化、地区专业化与制造业空间转移》，《管理世界》2004 年第 1 期。

[64] 伏润民、常斌、缪小林：《我国省对县（市）一般性转移支付的绩效评价——基于 DEA 二次相对效益模型的研究》，《经济研究》2008 年第 11 期。

[65] 付文林、沈坤荣：《中国公共支出的规模与结构及其增长效应》，《经济科学》2006 年第 1 期。

[66] 傅勇、张晏：《中国式分权与财政支出结构偏向：为增长而竞争的代价》，《管理世界》2007 年第 3 期。

[67] 郭杰：《政府支出对 GDP 的影响》，《财经科学》2003 年第 4 期。

[68] 龚六堂、谢丹阳：《我国省份之间的要素流动和边际生产率的差异分析》，《经济研究》2004 年第 1 期。

[69] 龚六堂、邹恒甫：《政府公共开支的增长和波动对经济增长的影响》，《经济学动态》2001 年第 9 期。

[70] 郭庆旺、吕冰洋、张德勇：《财政支出结构与经济增长》，《经济理论与经济管理》2003 年第 11 期。

[71] 郭庆旺、赵志耕：《"公共财政论"的再质疑》，《财政研究》1999 年第 12 期。

[72] 贺菊煌：《一个全面反映储蓄率、技术进步率与产出增长率之间相互作用的经济增长模型》，《数量经济技术经济研究》1993 年第 4 期。

[73] 何盛明：《政府应该做的就是财政要干的——关于市场经济条件下财政职能的几点思考》，《财政研究》1998 年第 8 期。

[74] 何振一、阎坤：《中国财政支出结构改革》，社会科学文献出版社 2000 年版。

[75] 韩远迎：《财政支出对缩小区域经济差距的效应研究》，天津财经大学，硕士学位论文，2007 年。

[76] 胡季、张军扩、陈越：《当前经济形势和对潜在问题的思考》，《管理世界》1991 年第 5 期。

[77] 胡永泰：《中国全要素生产率：来自农业部门劳动力再配置的首要作用》，《经济研究》1998 年第 3 期。

[78] 黄有光：《效率、公平与公共政策：扩大公共支出势在必行》，社会科学文献出版社 2003 年版。

[79] 黄勇峰、任若恩、刘晓生：《中国制造业资本存量永续盘存法估计》，《经济学》（季刊）2002 年第 1 期。

[80] 黄志刚：《交通基础设施建设与区域经济协调发展研究》，长沙理工大学，硕士学位论文，2005 年。

[81] 贾俊雪、郭庆旺：《中国区域经济趋同与差异分析》，《中国人民大学学报》2007年第5期。

[82] 贾康：《在财政支出中合理掌握分配顺序》，《时代财会》2001年第3期。

[83] 江新昶：《财政转移支付，地区发展差距与经济增长——基于面板数据的实证检验》，《财贸经济》2007年第6期。

[84] 姜维壮、栾华：《财政改革与制度创新运作指导》，中国财政经济出版社2002年版。

[85] [美]凯恩斯：《就业、利息和货币通论》，商务印书馆1972年版。

[86] 孔祥利：《政府公共支出与经济增长相关性的实证分析——利用斜率关联模型求解的一种新方法》，《人文杂志》2005年第2期。

[87] 李红：《我国地方财政支出结构问题研究》，《财政研究》2003年第6期。

[88] 李后建、何山：《公共财政支出结构失衡对区域经济协调增长的影响研究》，《南京师范大学学报》（社会科学版）2011年第4期。

[89] 李晓嘉：《中国财政支出地区差异的问题研究》，《经济研究导刊》2010年第27期。

[90] 李治国、唐国兴：《资本形成路径与资本存量调整模型——基于中国转型时期的分析》，《经济研究》2003年第2期。

[91] 黎精明：《对中国财政分权度的研究》，《财经理论与实践》2009年第9期。

[92] 骆勤：《构建我国科学规范的公共财政支出体系的思考》，《中国软科学》2004年第9期。

[93] 林光平、龙志和、吴梅：《中国地区经济 σ 收敛的空间计量实证分析》，《数量经济技术经济研究》2006年第4期。

[94] 林毅夫、蔡昉、李周：《中国经济转型时期的地区差距分析》，《经济研究》1998年第6期。

[95] 楼继伟：《未来仍需推进制度创新》，《新经济导刊》2010年第3期。

[96] 刘寒波：《地方公共服务供给对区域间要素流动的影响——不考虑本地交易成本的均衡分析》，《系统工程》2007年第9期。

[97] 刘木平、舒元：《我国地区经济的收敛与增长决定力量：1978—

1997》,《中山大学学报》(社会科学版) 2001 年第 1 期。

[98] 刘溶沧、焦国华:《地区间财政能力差异与转移支付制度创新》,《财贸经济》2002 年第 6 期。

[99] 刘溶沧、夏杰长:《论促进地区经济协调发展的财政政策》,《财贸经济》1998 年第 4 期。

[100] 刘振亚、唐涛、杨武:《省级财政支出效率的 DEA 评价》,《经济理论与经济管理》2009 年第 7 期。

[101] 刘志彪、张少军:《中国地区差距及其纠偏:全球价值链和国内价值链的视角》,《学术月刊》2008 年第 5 期。

[102] 马国贤:《论我国公共支出体系的框架》,《财经论丛》(浙江财经学院学报) 2000 年第 2 期。

[103] 马进:《基于数据包络(DEA)的财政支出相对效率实证分析》,《广西大学学报》(哲学社会科学版) 2008 年第 5 期。

[104] 马拴友:《政府规模与经济增长:兼论中国财政的最优规模》,《世界经济》2000 年第 11 期。

[105] 马拴友、于红霞:《转移支付与地区经济收敛》,《经济研究》2003 年第 3 期。

[106] 庞瑞芝:《财政支出影响经济增长的作用机制分析》,《南开经济研究》2002 年第 3 期。

[107] 潘伟伟:《我国产业结构优化中的财政支出政策研究》,广西师范大学,硕士学位论文,2007 年。

[108] 平新乔:《中国地方政府支出规模的膨胀趋势》,《经济社会体制比较》2007 年第 1 期。

[109] [美] 乔根森:《生产率——第一卷:战后美国经济增长》,中国发展出版社 2001 年版。

[110] 覃成林、唐永:《河南区域经济增长俱乐部趋同研究》,《地理研究》2007 年第 5 期。

[111] 沈坤荣、马俊:《中国经济增长的"俱乐部收敛"特征及其成因研究》,《经济研究》2002 年第 1 期。

[112] 沈坤荣、付文林:《中国的财政分权制度与地区经济增长》,《管理世界》2005 年第 1 期。

[113] 沈体雁、冯等田、孙铁山:《空间计量经济学》,北京大学出版社

2010 年版。

[114] 宋海岩、刘淄楠、蒋萍、吴桂英：《改革时期中国总投资决定因素的分析》，《世界经济文汇》2003 年第 1 期。

[115] 宋学明：《中国区域经济发展及其收敛性》，《经济研究》1996 年第 9 期。

[116] 宋玉华、林治乾、孙泽生：《最优财政分权与中国经济增长》，《浙江大学学报》（人文社会科学版）2008 年第 7 期。

[117] 邵昱晔：《对外贸易对中国制造业集聚的影响研究》，吉林大学，博士学位论文，2012 年。

[118] 孙长清、李辉：《基于 Panel Data 模型的地方财政支出结构优化实证分析》，《地方财政研究》2007 年第 1 期。

[119] 孙大为、刘人境、汪应洛：《区域经济合作的博弈论分析》，《系统工程理论与实践》1998 年第 1 期。

[120] 孙丽：《我国财政分权与经济增长、区域差距关系研究》，苏州大学，博士学位论文，2006 年。

[121] 孙文祥、张志超：《财政支出结构对经济增长与社会公平的影响》，《上海财经大学学报》2004 年第 6 期。

[122] 王宝顺：《财政支出与经济增长：瓦格纳法则的中国证据》，《广东商学院学报》2010 年第 6 期。

[123] 王恩奉：《建立横向财政转移支付制度研究》，《改革》2003 年第 1 期。

[124] 王志刚：《质疑中国经济增长的条件收敛性》，《管理世界》2004 年第 3 期。

[125] 王小鲁：《中国经济增长的可持续性与制度变革》，《经济研究》2000 年第 7 期。

[126] 王永钦、张晏、章元、陈钊、陆铭：《中国的大国发展道路——论分权式改革的得失》，《经济研究》2007 年第 1 期。

[127] 汪柱旺、谭安华：《基于 DEA 的财政支出效率评价研究》，《当代财经》2007 年第 10 期。

[128] 魏后凯：《现代区域经济学》，经济管理出版社 2011 年版。

[129] 魏后凯：《外商直接投资对中国区域经济增长的影响》，《经济研究》2002 年第 4 期。

[130] [英]威廉·配第:《赋税论》,武汉大学出版社2011年版。

[131] 温涛、熊德平:《"十五"期间各地区农村资金配置效率比较》,《统计研究》2008年第4期。

[132] 吴颖、蒲勇健:《区域过度集聚负外部性的福利影响及对策研究——基于空间经济学方法的模拟分析》,《财经研究》2008年第1期。

[133] 吴颖、蒲勇健:《公共资本、政府公共支出与省区经济增长收敛再检验》,《中国软科学》2008年第3期。

[134] 吴颖:《基于公共支出政策的区域经济增长协调性研究》,重庆大学,博士学位论文,2008年。

[135] 吴玉鸣:《中国区域经济发展差异收敛的非线性分形分析》,《南都学坛》2004年第9期。

[136] 吴玉鸣、徐建华:《中国区域经济增长集聚的空间统计分析》,《地理科学》2004年第6期。

[137] 巫建国:《公共财政学》,经济科学出版社2009年版。

[138] 项怀诚:《中国财政体制改革》,中国财政经济出版社1994年版。

[139] 徐现祥、舒元:《中国省区经济增长分布的演进》,《经济学》(季刊)2004年第3期。

[140] 夏一丹:《公共支出规模与结构对经济增长效应的动态研究》,湖南大学,硕士学位论文,2007年。

[141] [英]亚当·斯密:《国富论》,中央编译出版社2010年版。

[142] 叶小榕、刘燕、杨杰:《财政支出与经济增长的关系研究:基于1978—2007年中国省际面板数据的实证分析》,《财政探索与研究》2009年第5期。

[143] 叶裕民:《中国区际贸易冲突的形成机制与对策思路》,《经济地理》2000年第6期。

[144] 于长革:《公共消费支出及其最优规模分析》,《财经研究》2004年第10期。

[145] 余可:《地方财政支出结构与地区经济增长的空间计量分析》,《财经理论与实践》2008年第4期。

[146] 俞路、蒋元涛:《我国区域经济差异的时空分析——基于全国与三大都市圈的对比研究》,《财经研究》2007年第3期。

[147] 曾娟红、赵福军：《促进我国经济增长的最优财政支出结构研究》，《中南财经政法大学学报》2005年第4期。

[148] 张钢、段澈：《我国地方财政支出结构与地方经济增长的实证研究》，《浙江大学学报》（人文社会科学版）2006年第2期。

[149] 张海星：《财政支出结构与经济增长实证分析》，《投资研究》2003年第6期。

[150] 张军：《增长、资本形成与技术选择：解释中国经济增长下降的长期因素》，《经济学》（季刊）2002年第2期。

[151] 张军、吴桂英、张吉鹏：《中国省际物质资本存量估算：1952—2000》，《经济研究》2004年第10期。

[152] 张军、章元：《对中国资本存量 K 的再估计》，《经济研究》2003年第7期。

[153] 张明喜：《地方财政支出结构与地方经济发展的实证研究——基于聚类分析的新视角》，《财经问题研究》2005年第1期。

[154] 张明喜：《地方财政支出与区域经济收敛》，《经济经纬》2007年第1期。

[155] 张胜：《中国省际长期经济增长绝对收敛的经验分析》，《世界经济》2001年第6期。

[156] 张少军、刘志彪：《我国分权治理下产业升级与区域协调发展研究——地方政府的激励不相容与选择偏好的模型分析》，《财经研究》2010年第12期。

[157] 张维迎：《所有制，治理结构及委托—代理关系——兼评崔之元和周其仁的一些观点》，《经济研究》1996年第9期。

[158] 张馨：《财政监督应转到外部约束为主上来》，《财政监督》2004年第6期。

[159] 张宇麟、吕旺弟：《我国省际间税收竞争的实证分析》，《税务研究》2009年第6期。

[160] 赵志耘、郭庆旺：《论中国财政分权程度》，《涉外税务》2005年第11期。

[161] 周业安、赵晓男：《地方政府竞争模式研究——构建地方政府间良性竞争秩序的理论和政策分析》，《管理世界》2002年第12期。

[162] 中国经济增长与宏观稳定课题组：《干中学、低成本竞争与增长路

径转变》,《经济研究》2006 年第 6 期。

[163] 庄子银、邹薇:《公共支出能否促进经济增长:中国的经验分析》,《管理世界》2003 年第 7 期。

[164] 左大培、杨春学:《经济增长理论模型的内生化历程》,中国经济出版社 2007 年版。

[165] 钟原:《地方财政支出对区域经济差异的影响研究》,西南财经大学,硕士学位论文,2008 年。

[166] 王小鲁、樊纲:《中国地区差距的变动趋势和影响因素》,《经济研究》2004 年第 1 期。